8. fer. 1473

1697

ANCIENS STATUTS

Ordonnances, Reglemens, Arrests du Conseil d'Estat, Lettres patentes, & Arrests de la Cour de Parlement d'enregistrements

POUR la Communauté des Maistres Jardiniers de la Ville, Faux-Bourgs & Banlieuë de Paris, avec la réunion au profit de ladite Communauté des Charges de Jurez hereditaires d'icelles, & les Offices d'Auditeurs Examinateurs des comptes ; à la diligence de Michel Baudin, Pierre Pinson, Nicolas Himé, Louis Petit, Pierre le Maistre, Jacques Hebert, Laurent Dangé, & Jean Laisné, Maistres Jardiniers & Anciens de ladite Communauté, assistez de Jean Gohin Sergent à Verge au Chastelet de Paris & de ladite Communauté, & l'Election de Denis Domain, Jean Cloud, Denis Loy, Adam le Comte, pour Jurez d'icelle és années 1696. & 1697.

A PARIS

Chez CLAUDE NEGO, Imprimeur & Libraire, ruë Boucleric.

Avec permission de Monsieur DE VOYER D'ARGENSON

M. DC. XCVII.

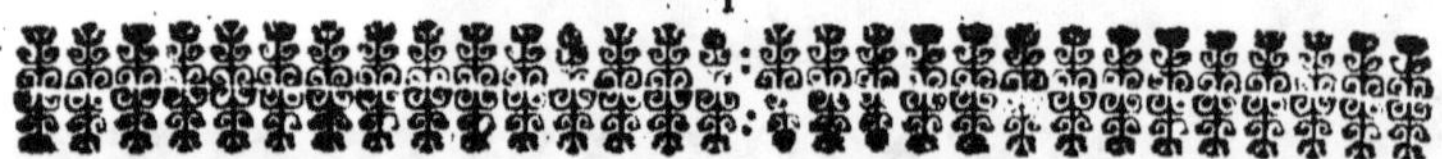

EXTRAIT des anciens Statuts & Reglemens de la Communauté des Maiſtres Jardiniers de la Ville, Fauxbourgs, Banlieuë, Prevoſté & Vicomté de Paris, tirés de la Chambre de Monſieur le Procureur du Roy au Chaſtelet de Paris, enſemble les Arreſts du Conſeil d'Eſtat du Roy, Lettres patentes, Arreſts de la Cour de Parlement, d'Enregiſtrement d'icelles, ſous les Regnes de Louis XI. de Henry III. Henry IV. Louis XIII. & Louis XIV. heureuſement régnans.

POUR ce qu'il eſt venu à la connoiſſance de Juſtice, par la complainte de pluſieurs Bourgeois de Paris, de pluſieurs Laboureurs Marchands Mareſchers, Jardiniers, & auſſi d'autres que de la Ville de Paris, & des Villes voiſines; & autrement que ſur le fait de la marchandiſe, tant deſchallas que de Merrien à Treilles & Vignes, & auſſi des Oziers que l'on amene à Paris, pour vendre à tres grandes fraudes & deceptions, au prejudice de la choſe publique; tant pour ce que leſdites denrées ne ſont pas bonnes ny marchandes; mais ſont fardées & de plus petit moiſſin qu'elles ne doivent eſtre comme autrement, qui eſt prejudice, élezion de commun peuple, & contre les Ordonnances anciennes faites ſur leſdites Marchandiſes.

2. L'on commande & eſt enjoint de-par-le-Roy, noſtre Sire, & Monſieur le Prevoſt de Paris, à tous Marchands quelconques qui feront d'oreſnavant venir en cette Ville de Paris aucun merrien à Treilles ou Eſchallas & Oziers, ou autre merrien à Vignes, tant par cauë qu'autrement, que premierement & avant qu'ils faſſent iceluy Merrien deſcendre ſur terre, expoſer en vente ny mettre en Chantier, ils le faſſent voir & viſiter par les Jurez en ladite marchandiſe, qui à ce faire ſont commis & eſtablis, ſur peine de 40. ſols pariſis d'amende appliquée au Roy, noſtre Sire.

3. Item, que nul ne ſoit ſi oſé ou hardy de contrefaire ou vendre Merrien à Treille, qui ſoit pris & levé de Seine ou d'autre riviere, & aud. lieu & pour celuy qui ſera venu de la riviere de Marne, pource qui n'eſt pas ſi bon ny ſuffiſant, mais qu'on n'y faſſe les differences de toute ancienneté accouſtumées pour connoiſtre & diſcerner l'un de l'autre. C'eſt à ſçavoir que ledit Merrien de la riviere de Marne, qui eſt le meilleur de toute ancienneté, ſoit lié à double liens & reſmondé par en haut, & celuy qui viendra de Seine ou d'autre riviere au lieu que de Marne, ne ſoit point eſmondé

.A

par en haut, & ne ſoit lié qu'à ſimple lien, & qu'il ne ſoit point lié à deux pieds prés du bois, afin de mieux connoiſtre la difference l'un de l'autre, à ce que le peuple n'en ſoit point deſceu ſur ſemblable peine que deſſus.

4. Item, que toutes Perches à Treilles qui ſeront en quarteront, ayent chacune de haut de cinq pieds, le gros d'un poulce fourny du moins, & les douzaines à la qualité.

5. Item, que les Perches qui ſeront en ſizainer ayent chacun en haut trois pieds plain poing à tout le moins.

Item, que les quarreines ayent chacunes Perches en haut de ſix pieds plain poing de gros à tout le moins, ſelon les moulles à ce ordonné de grande ancienneté eſtant au Chaſtelet de Paris ſur leſdites peines.

6. Item, pareillement l'on commande & enjoinct, que nul ne ſoit ſi hardy de contrefaire ou vendre Oziers qui ſont d'autre lieu que de S. Marcel, pour celuy de Seine ou que le peuple n'en ſoit deſceu, parce que celuy de S. Marcel vaut mieux que nul autre, & que chacune Iarbe d'Ozier rond & rouge de S. Marcel, qui eſt le meilleur ſoit bon, loyalle, & marchand, & ait au-deſſus du lien quatre pieds de tour, & la petite Iarbe d'icelle lien deux pieds de tour, & que parmy leſdites Iarbes ne ſoit point meſlé ny miſtioné d'autres Oziers, & pareillement que l'Ozier de riviere, & d'autre lieu que de S. Marcel ait chacune Iarbe audeſſus du lien trois pieds & demy de tour, ſans qu'il y ait Oziers ſec ny autres fourremens ſurannées ſur leſdites peines.

7. Item, auſſi que tous Marchands qui ameneront ou feront amener, & venir en cette Ville de Paris pour vendre aucun Ozier, tant de S. Marcel que d'ailleurs, qu'icelle Oziers ils faſſent deſcendre, amener, & arriver en la Place de Greve au lieu à ce ordonné, ſans vendre avec l'autre, ſur leſdites peines.

8. Item, que les émondées de Saulx ſurannées ſoient venduës d'une part, ſans qu'elles ſoient meſlées & mixtionnées avec l'autre Ozier.

9. Item, l'on commande & enjoinct à tous Marchands qui feront venir en cette Ville de Paris aucuns Eſchallas pour vendre, qu'avant qu'ils les expoſent en vente ne mettent ſur terre ou en Chantier, qu'ils faſſent iceux Eſchallas voir & viſiter par les Jurez commis ſur ladite Marchandiſe, à ſçavoir s'ils ſeront loyaux & marchands, ſur peine de confiſcation deſdites denrées, & d'amande arbitraire.

10. Item, que tous leſdits Eſchallas qui doreſnavant ſeront amenez à Paris pour vendre, ſoient bons, loyaux & marchands, & qu'ils ayent moiſſon anciennement ordonnée & accouſtumée & ordinaire cy-devant faite. C'eſt à ſçavoir, la moiſſon chacune de cinq pieds & demy de long, & les plus courtes de quatre pieds & demy, & qu'en chacune Iavelle il n'y ait au plus que dix Eſchallas d'iceux court, & qui n'ont que quatre pieds & de-

my , & qu'ils foient tous bien & fuffifamment fournis , & tous cinquanti-
niers fur lefdites charges.

11. Item l'on deffend que nul Marchand regratier n'achepte pour vendre depuis le matin jufques à quatre heures apres midy aucuns Efchallas,
de quelque perfonne que ce foit, foit Marchand foirin ou autre , fur peine
de confifcation defdites denrées, ou d'amande arbitraire, & que cependant les Bourgeois, Manans, & Habitans de Paris en puiffent achepter &
avoir pour leur fourniture & provifion.

12. Item, que nul defdits regratiers ne foient fi ofez ny hardis d'aller au
devant des Marchands qui ameneront lefdites denrées, & qu'icelles ils n'a-
cheptent ou vendent ailleurs que és Places accouftumées, & aprés l'heure devant dit.

13. Item, l'on deffend auffi que nul Laboureur ny autres perfonnes ne
foient fi ofez ou hardis de prendre ou lever de Vignes d'autre iavance fepts
de Vigne, & ne les couper ou marcorter en icelle, fur peine de la hart , ou
d'autre punition, peine & amande publique ou autre, à la difcretiõ de Juftice.

14. Item, que nul n'apporte à Paris vendre aucuns fepts chevelin, ou
autre complaint de Vignes ny Harbres antez, s'il n'a certificat de la Juftice, ou au moins du Curé du lieu, qui les ait pris & levées de fon herita-
ge, & non d'autre, & que la vente en foit faite publiquement au lieu ac-
couftumé. C'eft à fçavoir , fur le grand Pont de Paris & non ailleurs, fur
ladite peine & d'autre amande arbitraire.

15. Item, l'on commande, & eft enjoinct aux quatre Jurez deladite Marchandife que bien & loyallement ils vifitent lefdites denrées & Marchandifes devant declarées, & toutes les fautes qu'ils fçauroient & pourroient
fçavoir eftre faites & commifes en icelle , bien & diligemment à nous & au
Procureur du Roy, noftre Sire , audit Chaftelet , & fi meftier eft, les delin-
quans ils arreftent ou faffent arrefter par les Sergens dud. Chaftelet, & amener prifonniers pour efter à droit & de toutes amandes, qui pour ce feront
adjugées aud. Seigneur ils auront la tierce partie, & fi feront toutes les denrées qui feront trouvées fauffes ou partie d'icelles arfés en figne de Juftice.

16. Item, l'on deffend que nul Jardinier ne foit fi hardy , fur peine de
quarante fols parifis d'amande & de tenir prifon, d'entreprendre befogne
au-deffus de cinq fols parifis, s'il n'eft Maiftre ou Bachelier d'aucun Maî-
tre ou Bachelier.

17. Item, que nul ne foit fi ofé ny hardy d'entreprendre befogne au-
deffus de cinq fols , s'il ne met par maniere de Chef-d'œuvre un quar-
teron de Merrien en bon ouvrage & fuffifant , au dire & rapport des
Maiftres Jurez Jardiniers.

18. Item, & pour ce qu'il eft venu à la connoiffance de Juftice , que plufieurs qui fe difent Jardiniers vont par les Hoftels des Bourgeois & habi-

tans de cette Ville de Paris marchandant de faire leurs Jardins, & qu'il arrive fouvent qu'il faut abatre & dépecer les ouvrages qu'ils ont faits, parce qu'ils ne font b en & fuffifamment faits : en quoy iceux Bourgeois & autres ayant Jardins, qui ont baillé leur Merrien & Ozier pour faire leurfdits Jardins, pour grande fomme de deniers, qui font de grande perte ou dommages, & n'y peuvent avoir aucune reftitution, parce que lefdits Jardiners n'ont rien : L'on deffend que nul Jardinier ne foit dorefnavant fi ofé ny hardy d'entreprendre aucun befogne audeffus de cinq fols, s'il n'a baillé plege & caution fuffifante de reftitutions, fi meftier eft, le dommage & intereft que pourroient avoir & encourus lefdits Bourgeois & autres ayant Jardins, par faute d'iceux Jardiniers. Fait & donné fous noftre figne le Samedy huitiefme jour de Fevrier, l'an de Grace mil quatre cens foixante & treize, auffi figné Le CORNU, Signé DEPRAST, & à cefte eft écript Collationné, eft fait avec paraphe ; & plus bas eft efcrit, Regiftrées, oüy fur ce le Procureur General du Roy, pour joüir par les impetrans, ainfi qu'ils en ont cy-devant bien & deuëment joüy & ufé, joüiffent & ufent de prefent. A Paris en Parlement, le 16. Decembre mil cinq cens foixante & feize, Signé DEHEVEZ, & au dos eft efcript ce qui enfuit. Le contenu és Articles de l'autre, efcript, publié à fon de trompe & cry publicque aux lieux de la Place de Greve & Halles, l'Efcolle faint Germain, la Porte de Paris, Carrefour S. Germain & la Place Maubert, par moy Nicolas le Nourriffier, Sergent à Verge, Crieur Juré du Roy, noftre Sire, au Chaftelet de Paris, Prevofté & Vicomté de Paris, appellé avec moy Michel Gaultier Trompette dudit Seigneur, le Samedy treiziefme jour d'Octobre, l'an mil cinq cens quarante-cinq. *Signé*, NOURRISSIER.

HEnry par la grace de Dieu Roy de France et de Pologne, au Prevoft de Paris ou fon Lieutenant ; SALUT, nos bien Amez les Maiftres Jurez de la Communauté des Jardiniers de noftre bonne Ville de Paris, Nous ont prefenté Requefte tendant à ce qu'il Nous plaift les maintenir & garder en leurs droicts & privileges tels qu'ils font contenus en l'Extraict d'iceux cy attaché fous le contrefcel de noftre Chancellerie, ayant efgard à laquelle Requefte, Nous voulons & vous mandons que vous ayez à les faire joüir & ufer defdits privileges felon qu'ils en ont joüy & joüiffent encore, fans y faire aucun refus ny difficulté. CAR TEL eft noftre plaifir. DONNE' à Paris le 19. jour d'Aouft l'an de Grace 1576. & de noftre Regne le troifiéme, Signé par le Roy PINRARD, & au cofté eft efcrit, regiftré en ce oüy le Procureur General du Roy, pour en joüir par les Impetrans, ainfi qu'ils en ont cy-devant bien & deuëment jouy & ufé, joüiffent & ufent de prefent. A Paris en Parlement le 18. jour de Decembre l'an mil cinq cens foixante & feize. Signé, DE HEVEZ.

AU ROY,

Et à Nôſſeigneurs de ſon Conſeil.

SIRE,
La Communauté des Maiſtres Jardiniers de voſtre bonne Ville
Faux-bourgs, Banlieuë, Prevoſté & Vicomté de Paris, remontrant
tres-humblement à voſtre Majeſté, que de toute ancienneté ils ont été
nombrez entre les Maiſtres Jurez de voſtre ville de Paris, & gouvernez
par Ordonnances & Statuts particuliers à leur Meſtier, deſquels ils auroient paiſiblement jouy ſans contredit d'aucun juſqu'à preſent: neant-
moins ſous l'ombre que les Supplians n'auroient obtenus Lettres de confirmation de voſtre Majeſté, aucuns particuliers taſchent à les troubler
& entreprendre ſur leur Meſtier, pour ce que les Supplians doutent
que cette entrepriſe en elle eſtoit tollerée leur portât préjudice & à
leurs Succeſſeurs, & generallement à tout leur Meſtier: joint que telle
maniere de gens, leſquelles s'entremettent de faire leſdites entrepriſes,
commettent pluſieurs abus & tromperies qui ne ſont à tollerer.

A cette cauſe, ſupplient tres-humblement voſtre Majeſté qu'il luy
plaiſe ratifier & confirmer les articles qui enſuivent, & les Supplians ſeront d'autant plus tenus de prier Dieu pour voſtre noble proſperité & ſanté.

. Premierement que nul ne powrra faire état de Maiſtre Jardinier en
cette Ville, Faux-bourg & Banlieuë de Paris qu'il ne ſoit receu Maiſtre
audit métier, & pour y parvenir ait fait chef-d'œuvre de ſa propre main,
comme d'ancienneté il eſt accoûtumé faire, lequel chef-d'œuvre ſera baillé & diviſé par les Jurez dudit Métier, en preſence de quatre anciens
Bacheliers.

2. Item, auparavant que bailler par les Jurez le chef-d'œuvre aux compagnons qui voudront parvenir à ladite Maiſtriſe, iceux Jurez ſeront tenus
de s'enquerir de leurs bonne vie & mœurs des Maiſtres leſquels ils auront
ſervy & oú ils auront fait leur apprentiſſage, pour ſelon le rapport qu'ils
en trouveront leur bailler ledit chef-d'œuvre ou leur refuſer.

3. Item, apres ladite inquiſition faite, ſeront tenus leſdits Compagnons
qui eſpereront à lad. maiſtriſe faire chef-d'œuvre tel qu'il leur ſera diviſé
par les Jurez d'iceluy fait & parfait, en feront leſd. Jurez leur rapport en
la maniere accoûtumée.

4. Item, que nul ne ſera receu à faire chef-d'œuvre pour parvenir à lad.
Maiſtriſe, qu'il n'ait eſté Apprentif ſous un Maiſtre dudit métier en cette
Ville & Faux-bourg le temps & eſpace de quatre ans, & outre ſervy les

6

Maiftres apres fondit temps d'apprentiffage l'efpace de deux ans.

5. Les enfans defd. Maiftres feront reçeus à la maiftrife fans faire aucun chef d'œuvre ny experience apres deux fois qu'ils auroient efté certifiez avoir été Aprentif, foit avec leur pere ou ailleurs ledit temps de quatre ans.

6. Item, Que iceux Maiftres Jardiniers apres eftre receus audit métier, bailleront à la Confrerie dudit meftier leur droit d'icelle, & pour entretenir le Service Divin la fomme de trente deux fols fix deniers, dont ils feront tenus de bailler aux Maiftres de Confrairie.

7. Item, que nul Maiftre ne pourra fouftraire, débaucher, ny bailler à befongner à aucuns compagnons dudit métier pendant qu'ils feront alloüez à un autre Maiftre, que premierement il ne fçache de fon Maiftre s'il eft content de luy, à peine de fix écus d'amende applicable comme deffus.

8. Item, que chacun Apprentif dudit meftier fera tenu incontinent qu'il fera obligé bailler à la Confrerie dudit métier pour le droit d'icelle, & pour entretenir le Service la fomme de vingt-quatre fols parifis, & fera tenu le Maiftre avec lequel fera ledit Aprentif avancer lad. fomme.

9. Les veufves des Maiftres, tant qu'elles fe contiendront en viduité joüiront de pareil privilege que leurs deffunts maris, mais fi elles fe remarient ou font faute à leur viduité, elles perdront ledit privilege & ne pourront plus s'entremettre dudit métier.

10. Lefd. veufves pourront faire parachever aux Apprentifs qui auront été obligez à leurs deffunts maris leurs temps d'apprentiffage fous elles, pourvû qu'elles entretiennent & fe mêlent dudit métier de Jardinier, & qu'elles ne fe remarient à autres que dudit métier, autrement feront lefd. veufves tenus mettre lefdits Apprentifs és mains defdits Jurez, lefquels feront auffi tenus de leur faire parachever leur temps d'apprentiffage fous autre Maiftre dudit métier fuffifant.

11. Ne pourront lefdites veufves encores qu'elles continuent d'exercer ledit métier de Jardinier, prendre & faire obliger aucuns Apprentifs nouveaux, mais feront faire leur trafic & marchandifes par Compagnons émandant l'eftat.

12. Que deffenfes foient faites à toutes perfonnes indifferemment quelconques, de porter ou faire apporter aucuns Melons, Concombres, Artichaux, Herbages, & autres chofes dépendant du fait dudit métier de Jardinage, s'ils ne font Maiftre dudit métier, fors & refervé les Bourgeois de la ville & Faux-bourgs de Paris, lefquels peuvent avoir des Iardins en proprieté qui pourront apporter ou faire apporter durant les jours de marché, qui font le Mercredy & le Samedy de toutes fortes de denrées qui croiffent en leurfdits Iardins, lefquelles denrées feront vifitées par lefdits Jurez, fi elles font bonnes feront expofez en vente, fi elle ne le font feront confifquez, & celuy qui les expofera en vente condamné en vingt

fols d'amande applicable , la moitié au Roy , & l'autre moitié aufdits Jurez dudit métier.

13. Ne pourrons tous Revendeurs & Revendereffes acheter aucune chofe dépendante de l'eftat de Jardinage en autres lieux qu'en ladite Halle &
Marchez publics , afin que les Jurez en ayent la connoiffance, ny mefme
tenir en leurs maifons ny ailleurs leurs fruits & herbes dans la nuit, d'autant qu'ils font fujets à pourriture & à attirer le mauvais air , & pour éviter
aufdits abus qui fe pourront commettre, pourront les Jurez dudit métier
faire recherche és maifons defdits Revendeurs, pour des fautes & abus
qu'ils y trouveront en faire rapport en la maniere accouftumée, & eftre
ledit delinquant condamné en l'amande, & puny s'il y échet.

14. Que deffenfes feront faites à toutes perfonnes quelconques de ne
fumer aucune terre d'inmondices ny fiens de Pourceaux , pour planter
ou femer aucunes marchandifes qui foient dependans de leur Jardinage ,
pour éviter aux abus qui s'y commettent, & pourroient cy-apres commettre, pour éviter aux maladies contagieufes, qu'autre fur peine d'ê-
tre la marchandife renverfée , & de deux écus d'amande contre chacun
contrevenant.

15. Item, Qu'il foit deffendu à tous Maiftres dudit métier d'acheter fur
autres Maiftres aucuns Arbres ou autres denrées pour les porter vendre
fur le Pont defdits Arbres , ny autres lieux publics comme Regratiers ,
fur peine de confifcation defdits Arbres , & de deux écus d'amande applicable comme deffus; mais pourront lefd. Maiftres y vendre leurs arbres
& Fleurs, comme de toute ancienneté.

16. Que tous Maiftres Bacheliers & Compagnons dudit métier feront tenus de reconnoiftre leurs anciens Maiftres Jurez, & leur porter le refpect,
honneur & reverence qui leur eft dû, à fçavoir à leurs anciens & à leurs
Jurez , chacun en fon temps de ladite charge de Jurez, comme ils ont pro-
mis lors qu'ils ont efté reçûs audit métier.

17. Item , Que pour la confervation dudit métier feront élûs quatre Jurez d'iceluy en la forme ques les Jurez des autres métiers par la Communauté des Maiftres dudit meftier , par lefquels Jurez fera faite toutes vifitations neceffaires à faire audit métier, tant en ladite Ville , Faux-bourgs,
que Banlieuë de Paris, fans que pour vifiter lefdits Faux-bourgs ils foient
tenus demander licence aux Hauts-Jufticiers, quelque privilege & droit de
haute Juftice qu'ils ayent attendu qu'il eft queftion de police , de laquelle
la connoiffance appartient feulement audit Prevoft de Paris, & enfuite eft
écrit plufieurs paraphes des anciens Maiftres Bacheliers & Jurez dudit métier. Jean le Bouteux, Benoift Petit , René Jacquelin , La Cauche, Bau-
doüin , Pierre le Noftre , Jean le Bref , Pierre Bouton , Bienfait.

Enfuit l'enregiftrement fait regiftré oüy le Procureur General du Roy,

pour joüir par les Impetrans de l'effet & contenu comme ils en ont cy-de-
vnt bien & deuëment jouy & usé , joüiffent & ufent encore à prefent. A
Paris en Parlement le 17. Avril l'an mil fix cens. Signé VOISIN.

Et plus bas eft écrit lû & publié le contenu és articles portantes les Statuts & Reglemens du métier de Jardinier cy-deffus écrit à Son de Trompe
& Cry public par les lieux & endroits cy-apres declarez , & ce fuivant les
lettres patentes du Roy en forme de Chartre. Donné à Paris au mois de
Novembre 1599. figné fur le reply par le Roy à voftre relation Thomas,
& fcellée du grand fcel en lacs de foye rouge , & fcellé de cire verte : Arreft de la Cour de Parlement en datte du 17. jour d'Avril 1600. figné du
Tillet , & Sentence de Monfieur le Prevoft de Paris ou fon Lieutenant Civil en datte du 26. jour du prefent mois de May audit an 1600. Signé
Drovare , & icelle intervenus fur lefdites Lettres patentes , fçavoir en la
place des Halles, au milieu du marché aux Poirées , fur le Quay de la
Megifferie & Vallée de Miferre , au dedans du Marché Neuf , auttrement
dit le Marché Palus , au dedans de la Place Maubert , & au mitan du Cymetiere S. Iean, lieux accouftumez à faire pareils cris & publications par
moy Robert Creuel Crieur Iuré du Roy és Ville, Prevofté & Vicomté de
Paris , accompagné de Mathurin Noiret, Trompette Iuré & ordinaire
dudit Seigneur efdits lieux, & d'un autre Trompette le Mercredy 31. &
dernier jour de May 1600. Signé Crevel.

Le contenu cy-deffus a efté regiftré au douziéme volume des Bannieres,
Regiftre ordinaire du Chaftelet de Paris , fuivant la Sentence d'omologa-
tion de Monfieur le Lieutenant Civil du 26. jour de Iuillet 1645. pour fer-
vir & valoir & y avoir recours quand befoin fera : Ce fut fait audit Chaftelet le Ieudy troifiéme jour d'Aouft 1645. Signé Fauffet.

HENRY Par la Grace de Dieu Roy de France & de Navarre : Au
Prevoft de Paris ou fon Lieutenant, Salut ; Nous vous envoyons le
Cayer des Articles & Ordonnances cy-attaché fous nôtre contrefcel à
nous en noftre Confeil prefentez par nos bien Amez les Maiftres & Communauté du métier de Jardinier en noftre bonne ville , Faux-bourg, Banlieuë , Prevofté & Vicomté de Paris , vous mandons, ordonnons, & enjoi-
gnons, que noftre Procureur prefent ou appellé , vous ayez à nous donner
ou envoyer voftre avis pour iceluy, veu en noftredit Confeil eftre pourvû
aux fupplians ainfi que verrons eftre à faire , par raifon de ce faire vous
donnons pouvoir, commiffion & mandement fpecial par ces prefentes :
Car tel eft noftre plaifir. Donné à Paris le 25. jour d'Octobre l'an de
grace 1599. & de noftre regne le onziéme, figné par le Roy en fon Confeil, Thomas.

Veu par nous fouffignez Lieutenant Civil & Procureur du Roy en la Prevofté

vofté & Vicomté de Paris les articles & ordonnances prefentez au Roy par la Communauté des Maiftres Jardiniers de cette ville de Paris à nous renvoyez par lettres patentes de fa Majefté. Données à Paris le 25. jour d'O-ctobre dernier, fignées par le Roy en fon Confeil, Thomas. Et fcellées du grand fceau de cire jaune, pour donner noftre avis fur lefdits Articles & Ordonnances attachées fous le contrefcel.

Sommes d'avis fous le bon plaifir de fa Majefté & de Noffeigneurs de fon Confeil, que lefdits Articles & Ordonnances font juftes & raifonnables, & comme tels peuvent eftre confirmez & octroyez par fa Majefté, fans que le public y foit interreffé, ains au contraire en recevra profit & commodité, d'autant que par le moyen defdits Statuts, les malverfations & abus que l'on pourroit commettre audit métier feront retranchez & corrigez. Fait au Chaftelet de Paris le Lundy 8. jour de Novembre 1599. Miron & de Villemonté.

HENRY Par la Grace de Dieu Roy de France & de Navarre : A tous prefent & à venir, falut ; Ayant fait voir en nôtre Confeil la Requefte & articles à nous en iceluy prefentez par nos bien Amez les Maî-tres & Communauté du métier de Iardinier en noftre bonne Ville, Faux-bourgs, Banlieuë, Prevofté & Vicomté de Paris, concernant leur état & métier, à ce qu'il nous plaife iceux ratifier & confirmer, enfemble l'avis à nous donné par le Prevoft de Paris ou fon Lieutenant, ouy le Subfti-tut de noftre Procureur General en ladite Prevofté, fuivant le renvoy que nous leurs aurions fait à cette fin par nos lettres patentes, le tout cy-atta-ché fous le contrefcel de noftre Chancellerie ; Sçavoir faifons que nous defirans fubvenir aufdits Maiftres & Communauté dudit métier de Jardi-nier en noftre Ville, Faux-bourgs, Banlieuë, Prevofté & Vicomté de Pa-ris de l'avis de nôtre Confeil, & de noftre certaine fcience, pleine puif-fance & authorité Royale, conformement audit avis, même ayant égard que par le moyen de l'entretiennement & obfervation defdits articles, le public en recevra profit & commodité, d'autant que les malverfations & abus qui fe commettent audit métier, en feront retranchez & corrigez, avons lefdits articles confirmez, ratifiez, approuvez & authorifez : con-firmons, ratifions, approuvons & authorifons par ces prefentes, voulons & nous plaift qu'ils foient dorénavant gardez, obfervez & entretenus en tant & chacun leurs poincts, fans qu'il y foit contrevenus en quelque forte & maniere que ce foit, fur les peines y contenuës : Si donnons en mande-ment à nos Amez & feaux, Confeillers les gens tenans noftre Cour de Par-lement de Paris, & audit Prevoft de Paris ou fon Lieutenant, qu'iceux articles & lefdites prefentes ils faffent enregiftrer, entretenir, garder, ob-ferver de poinct en poinct felon leur forme & teneur, & du contenu en

C

iceux jouïr & ufer pleinement , paifiblement & perpetuellement, les Suppliants &leurs Succeffeurs dudit meftier de Jardinier contraignant à ce faire fouffrir & obeïr tous ceux qu'il appartiendra , & qui pour ce feront à contraindre par toutes voyes düës & raifonnables , nonobftant oppofitions ou appellations quelconques, pour lefquelles ne voulons eftre differé. Car tel eft noftre plaifir , & afin que fe foit une chofe ferme & ftable à toûjours , nous avons fait mettre noftre fcel à ces prefentes , fauf entre autre chofe noftre droit & l'autruy en tout. Donné à Paris au mois de Novembre l'an de grace 1599. & de noftre regne le onziéme, & au reply eft par le Roy à voftre relation , Signé, Thomas.

Au reply des prefentes eft écrit Regiftrées ouy le Procureur General du Roy , pour joüir par les Impetrans de l'effet & contenu en icelles, comme ils ont cy-devant bien & deuëment jouy & usé , joüiffent & ufent encore à prefent, à Paris en Parlement le dix-fept Avril l'an 1600. Signé Voifin , Contentor & de la Croix.

Extrait des Regiftres de Parlement.

ENtre Denis Pront appellant d'une Sentence du Prevoft de Paris ou fon Lieutenant du 19, Decembre dernier confirmative de l'avis du Subftitut du Procureur General du Roy au Chaftelet, du 3. jour d'Octobre precedant, & de ce qui s'en eft enfuivy d'une part, & les Maiftres Jurez Jardiniers de Paris Intimez d'autre : Veu par la Cour ladite Sentence du 19. Decembre : Arreft du 29. Avril dernier , par lequel fur ledit appel les parties auroient efté appointées au Confeil à efcrire & produire dans quinzaine : Forclufions de fournir des caufes d'appel par ledit appellant : Productions defdites parties : Tout confideré , dit a efté que ladite Cour a mis & met les appellations au neant, fans amande & defpens de la caufe d'appel, a ordonné & ordonne que ce dont a efté appellé fortira fon effet. Prononcé le 29. jour de Juillet 1617. Signé, Guyet, Greffier, avec collation.

Extrait des Regiftres de Parlement .

ENtre Anthoine Aubry , Jacques Rofty , fe faifans forts des autres Habitans du Village du Roulle, demandeurs aux fins d'une commiffion du 30. Juillet 1616. & deffendeurs d'une part , & les M. Jurez Jardiniers préolliers intimés de cette Ville, Fauxborgs & Banlicüë de Paris, deffendeurs & demandeurs, par le moyen de leurs deffences du mois de Sep. 1616 refpectivement baillées : Appointement à efcrire par advertiffement & produire:

produ&ctions defdites parties; Arreft du 10. Avril 1617. par lequel il a efté
ordonné que les produ&ctions des parties feroient communiquées pour contre icelles bailler contredits & faluations dans le temps de l'ordonnance :
contredits refpe&ctivement fournis; conclufions du Procureur General du
Roy : Et tout confideré, Dit a efté que la Cour a debouté & deboute les
Habitans du Village du Roüile des conclufions par eux prifes contre les
Maiftres Jardiniers de cette Ville de Paris : Ordonne neanmoins qu'ils feront tenus fouffrir d'eftre vifitez quatre fois l'année par lefdits Maiftres Jardiniers, à la charge qu'ils ne prendront pour chacune vifitation de chacun
d'eux que la fomme de dix fols tournois, & fur le furplus des demandes
refpe&ctivement faites, a mis & met les Parties hors de Cour & de procês, le
tout fans defpens. Prononcé le 20. jour de Janvier 1618. Signé, Guyet,
Greffier, avec collation.

Extrait des Regiftres de Parlement.

ENtre les Manans & Habitans du Village du Roulle, Demandeurs aux
fins d'une Requefte par eux prefentée à la Cour le 26. Juillet 1619.
d'une part, les Maiftres Jurez Jardiniers préolliers de cette Ville & Banlieuë de Paris, deffendeurs d'autre : Veu par la Cour l'Arreft du 20. Janvier
1618. par lequel entre autres chofes auroit efté ordonné que lefdits Habitans du Roulle feroient tenus fouffrir d'eftre vifitez quatre fois l'année par
lefdits Maiftres Jardiniers Jurez, à la charge qu'ils ne prendront pour chacune vifitation d'eux que la fomme de dix fols tournois, ladite Requefte
tendante à ce que l'advis donné par le Subftitut du Procureur General du
Roy au Chaftelet de Paris, le 16. Octobre 1618. fuft caffé & revocqué
comme attentat, & au principal ordonne que fuivant ledit Arreft du 20.
Janvier 1618. lefdits demandeurs demeureroient quittes des droits & fal-
laires pretendus par lefdits deffendeurs, en payant chacun d'eux pour
chacune vifitation la fomme de dix fols tournois pour tous lefdits Habitans du Village du Roulle; deffences appointement en droi&ct à efcrire &
produire : produ&ctions defdites parties : Et tout confideré, Dit a efté que
ladite Cour executant ledit Arreft du 20. Janvier 1618. a ordonné & ordonne que les Habitans du Roulle qui ont jardins & qui vendent ou font
vendre en cetteVille de Paris fruits & herbages, feront tenus fouffrir d'eftre
vifitez quatre fois l'année par lefd. Maiftres Iurez Jardiniers, pour chacune
defquelles vifitations chacun qui fera vifité payera pour tous lefd. Maiftres
Iurez la fomme de dix fols tournois, & fur le furplus defdites demandes a
mis & met les parties hors de Cour & de procês, le tout fans defpens. Prononcé le 4. jour d'Avril 1620. Signé, Guyet, Greffier avec collation.

LOUIS par la grace de Dieu Roy de France & de Navarre : A tous prefens & à venir, Salut; nos bien amez les Maiftres & Communauté du meftier de Jardinier en noftre bonne Ville, Fauxbourgs, Banlieuë, Prevofté & Vicomté de Paris, nous ont fait remonftrer que de tout temps & ancienneté ils ont efté nombrez entre les Maiftres Jurez en nofdites villes, & fe feroient gouvernez par les Ordonnances & Statuts dudit meftier qu'ils auroient renouvellez le 25. Octobre 1599. lefquels le feu Roy Henry le Grand noftre hono. Seigneur & Ayel, auroit apres avoir eu fur ce l'advis duPrevoft de Paris ou fon Lieutenant, & ouy le Subftitud du Procureur General confirmé & approuv par fes Lettres patentes du mois de Novembre enfuivant audit an, regiftrées au Parlement de Paris le 17. Avril 1600. dont ils ont tousjours paifiblement joüy jufqu'à prefent, craignant iceux expofans que pour n'avoir depuis noftre advenement à la couronne obtenu nos Lettres de confirmation d'iceux Statuts & Privileges, pour lefquels ils ont payé la finance, à laquelle ils ont efté taxez en noftre Confeil, nos Officiers ou autres les vouluffent troubler, ils nous ont tres-humblement fupplié les leur vouloir accorder. Sçavoir faifons qu'apres avoir fait voir en noftre Confeil lefdits Privileges & Statuts confirmez par lefdites Lettres du feu Roy Henry le Grand, avec l'Arreft de Regiftrement & Quittance de Finance par eux payez en nos parties cafuelles pour ladite confirmation du 30. Mars dernier, le tout cy attaché fous le contrefcel de noftre Chancellerie, defirant favorablement traiter les expofans en confideration de l'utilité que le Public reçoit de leur travail & Jardinages des environs de ladite Ville, par le moyen de l'entretenement & obfervation de leurfdits Privileges & Statuts : Nous avons fuivant & conformement aufdites Lettres, & la quittance de Finance par eux payée en nos parties cafuelles, pour y eftre confervez & confirmez de noftre grace fpeciale, pleine puiffance & authorité Royale, agrée, confirmé & approuvé ; aggréons, confirmons & approuvons par ces Prefentes lefdits Privileges & Statuts, pour en joüir par eux & leurs fucceffeurs audit meftier pleinement, paifiblement & perpetuellement, tout ainfi qu'ils en ont bien & deuëment joüy & ufé, joüiffent & ufent encore de prefent. Si Donnons en mandement à nos amez & feaux Confeillers les gens tenans noftre Cour de Parlement de Paris, Prevoft dudit lieu ou fon Lieutenant, que ces Prefentes ils faffent regiftrer, & du contenu en icelles fouffrent & laiffent joüir les expofans pleinement, paifiblement & perpetuellement, contraignant à l'obfervation defdits Privileges & Statuts tous ceux qu'il appartiendra : CAR tel eft noftre plaifir, & afin que ce foit chofe ferme & ftable à toûjours, Nous avons fait mettre noftre fcel à cefdites Prefentes, fauf en autre chofe noftre droict, & l'autruy en toutes. Donné à Paris au mois de Juin l'an de grace 1645. & de noftre regne le troifiefme, & au reply eft figné, par

le Roy

le Roy VABOIS, & au reply eft efcrit, Regiftrée ouy ce confentant le Procureur General, pour jouïr par les Impetrans de l'effect & contenu en icelles felon leur forme & teneur, ainfi qu'ils en ont bien & deuëment joüy &
ufé, jouïffent & ufent encore de prefent. A Paris en Parlement le 14. jour
d'Avril 1655. Signé DU TILLET.

Du Mercredy 26. Juillet 1645.

VEu les Lettres Patentes du Roy données au mois de Juin dernier,
fignées fur le reply, par le Roy, Vabois, & à cofté *Vifa*, & fcellées
du grand Sceau de cire verte, en lac de foye rouge & verte, par lefquelles
appert les Maiftres & Communauté du meftier de Jardinier en cette Ville, Fauxzourgs, Banlieuë, Prevofté & Vicomté de Paris, avoir remon-
tré à fa Majefté que de tout temps & ancienneté ils ont efté nombrez entre les Maiftres Jurez de cette Ville, & fe feroient gouvernez par les Ordonnances & Statuts dudit meftier de Jardinier qu'ils auroient renouvellez le 25. Octobre 1599. lefquelles le feu Roy Henry le Grand Ayeul de fa
Majefté, auroit après avoir eu fur ce l'advis du Prevoft de Paris ou fon
Lieutenant & du Procureur du Roy, confirmé & approuvé par fes Lettres
patentes du mois de Novembre enfuivant, regiftré au Parlement le 17.
Avril 1600. dont ils ont toûjours paifiblement joüy jufqu'à prefent, & craignant lefdits Maiftres Jardiniers eftre troublez en l'exercice de leurdit meftier, pour n'avoir par eux depuis l'avenement à la Couronne de fa Majefté
obtenu lettres de confirmation d'iceux Statuts & Privileges, pour lefquels
ils ont payé la finance, de laquelle ils ont efté taxez comme appert par la
quittance du 30. Mars dernier, attachée fous le contrefcel defdites lettres,
pour les caufes & autres fa Majefté conformement aux Lettres du feu Roy
Henry le Grand: Arreft d'enregiftrement d'icelles, & Quittance de finance
fufdattée, auroit de fon authorité royale agréé, confirmé & approuvé lefdits Privileges & Statuts, pour en jouïr par eux & leurs fucceffeurs audit
meftier de Jardinier pleinement, paifiblement & perpetuellement, tout
ainfi qu'ils ont bien & deuëment joüy & ufé, joüiffent & ufent encore à
prefent, nous mandant fa Majefté faire regiftrer icelles lettres, & contraindre à l'obfervation defdits Privileges & Statuts tous ceux qu'il appartiendra. Veu auffi la Requefte à nous prefentée par lefd. Maiftres & Communauté dudit meftier de Jardinier, tendanre à ce qu'il nous pluft ordonner lefdites Lettres & Statuts eftre enregiftrés au Greffe dudit Chaftelet,
pour jouïr par eux de l'effect & contenu d'icelles, laquelle Requefte auroit
efté de noftre Ordonnance communiquée au Procureur du Roy qui auroit
requis lefdites Lettres eftre regiftrées és regiftres des Bannieres dudit

D

Chaftelet, pour joüir par eux du contenu en icelles felon leur forme & teneur, à la charge que les Bourgeois de la Ville, Faux-bourgs & Banlieuë
de Paris qui auront des heritages à rente, joüiront des mefmes privileges
accordez aux proprietaires defdits heritages par l'article douziefme defd.
Statuts : Et tout veu & confideré nous avons du confentement du Procureur du Roy, auquel le tout a efté communiqué, ordonné que les lettres
& Statuts feront regiftrées és regiftres des Bannieres dudit Chaftelet, pour
joüir par lefdits Maiftres Iardiniers de la Ville, Faux-bourgs, & Banlieuë
de Paris du contenu efdites lettres, felon leur forme & teneur; à la
charge que les Bourgeois defdits lieux qui auront des heritages à rente,
fcis dans ladite Ville, Faux-bourgs & Banlieuë joüiront des mefmes
priuileges accordez aux proprietaires defdits Statuts. Faict par Monfieur le Lieutenant Ciuil, figné HVBERT,

Et au dos eft efcrit le Samedy deuxiéme jour de Septembre
1645. les lettres patentes de fa Majefté obtenus par les Maiftres Iardiniers de cette Ville, Faux-bourgs & Banlieuë de Paris, pour la
confirmation de leurs priuileges homologuez au Chaftelet de Paris,
fur les conclufions de Monfieur le Procureur du Roy audit Chaftelet
& ce fuivant la permiffion de Monfieur le Lieutenant Ciuil, en datte
de ce jourd'huy. Signé Daubray, par moy Iean Ioffier Iuré Crieur
ordinaire du Roy, en la Ville, Prevofté & Vicomté de Paris, leu publié
à fon de trompe & cry public, par les Places, Marchez publics; fçavoir au coing de la place aux Chat, Marché aux Poirées, Marché pallus,
autrement Marché Neuf, Cymetiere S. Iean, Place Maubert, & le
Marché au Faux-bourg S. Germain Defprez, à ce qu'aucun n'en prevende
caufe d'ignorance : à ce faire j'auois trois Trompettes commis des trois
jurez Trompettes du Roy; efdits lieux. Signé Ioffier.

A Tousceux qui ces Presentes Lettres verront, Loüis Seguier, Chevalier Baron de S. Briffon Seigneur des Ruaux & de S. Firmain, Confeiller du Roy, Gentilhomme ordinaire de fa Chambre, & Garde de la Pre-
uofté & Vicomté de Paris; Salut fçauoir faifons, que veu les lettres
patentes du Roy données au mois de Iuillet dernier, fignées fur le reply
Vabois, & à cofté vifa, & fcellées du grand Sceau de cire verte en lacs de
foye rouge & verte, par lefquelles appert les Maiftres & Communauté du
métier de Iardinier en cette Ville, Fauxbourgs, Banlieuë Prevofté & Vicomté de Paris, avoir remonftré à fa Majefté que de tout temps & ancienneté ils
ont efté nombrez entre les Maiftres Iurez de cette Ville, & fe feroient gouvernez par les Statuts & Ordonnances dudit meftier de Iardnier, qu'ils
auroient renouvellez le 25. Octobre 1599. lefquelles le feu Roy Henry le
Grand ayeul de fa Majefté auroit apres avoir eu fur ce l'avis du Prevoft de

Paris ou ſon Lieutenant & du Procureur du Roy, confirmé & approuvé par
ces lettres patentes du mois de Novembre enſuivant , regiſtré au Parlement le 17. Avril 1600. dont ils ont toûjours paiſiblement jouy juſqu'à
preſent , & craignant leſdits Maiſtres Iardiniers eſtre troublez en l'exercice dudit meſtier , pour n'avoir par eux depuis l'avenement à la Couronne de Sa Majeſté obtenu lettres de confirmation d'iceux ſtatuts & privileges , pour leſquelles ils ont payé la finance à laquelle ils ont eſté taxez ,
comme appert par la quittance du 30. Mars dernier , attachée ſous le contreſcel deſdites lettres, pour les cauſes & autres Sa Majeſté conformement aux lettres du feu Roy Henry le Grand , Arreſt d'enregiſtrement
d'icelles, Quittance de finance ſuſdattée, auroit de ſon authorité Royale
agreé , confirmé & approuvé leſdits Privileges & Statuts , pour en jouyr
par eux & leurs ſucceſſeurs dudit métier de Jardinier, pleinement, paiſi-
biement & perpetuellement, tout ainſi qu'ils ont bien & deuëment jouy
& uſé , jouyſſent & uſent encore à preſent, nous mandant ſa Majeſté faire regiſtrer icelles lettres, & contraindre à l'obſervation deſdits privileges
& ſtatuts tous ceux qu'il appartiendra. Veu auſſi la Requeſte à nous preſentée par leſdits Maiſtres & Communauté dudit meſtier de Iardinier,
tendante à ce qu'il nous plût ordonner leſdites Lettres & Statuts eſtre en-
regiſtrées au Greffe dudit Chaſtelet , pour jouyr par eux de l'effet & contenu d'icelles, laquelle Requeſte auroit eſté de noſtre Ordonnance communiquée au Procureur du Roy, qui auroit requis leſdites lettres eſtre
regiſtrées és regiſtres des Bannieres dudit Chaſtelet, pour jouyr par leſdits maiſtres du contenu en icelles ſelon leur forme & teneur , à la charge
que les Bourgeois de la Ville , Fauxbourgs & Banlieuë de Paris qui auront
des heritages à eux, joüiront des mêmes privileges accordez aux proprietaires deſdits heritages à rente, par l'article douziéme deſdits Statuts :
Et tout veu & conſideré, nous avons du conſentement du Procureur du
Roy, auquel le tout a eſté communiqué, ordonné que leſdites Lettres &
Statuts ſeront regiſtrées és regiſtres des Bannieres dudit Chaſtelet, pour
joüir par leſdits maiſtres Iardiniers de la Ville , Faux-bourgs & Banlieuë
de Paris du contenu eſdites lettres ſelon leur forme & teneur, à la charge que les Bourgeois deſdits lieux qui auront des heritages à rente ſeis
dans la Ville , Fauxbourgs & Banlieuë , joüiront des mêmes privileges
accordez aux proprietaires par l'article douziéme deſdits Statuts : en témoin de ce , nous avons fait ſceller ces preſentes. Ce qui fut fait & donné par Meſſire Dreux Daubray , Chevalier Seigneur Doffemon , Villers
& autres lieux , Conſeiller du Roy en ſes Conſeils d'Etat & Privé , &
Lieutenant Civil de la Ville , Prevoſté & Vicomté de Paris. Le Mercredy 26. jour de Iuillet 1645. Signé Hubert.

LOUIS Par la Grace de Dieu Roy de France & de Navarre : A nos Amez & feaux Conseillers les gens tenans nostre Cour de Parlement à Paris , Salut , par nos Lettres patentes du mois de Juin 1645. cy attachées sous le contrescel de nostre Chancellerie,& pour les raisons contenuës en icelles nous avons confirmé & approuvé les Privileges & Statuts des Maistres & Communauté des Jardiniers de nostre Ville , Fauxbourgs, Banlieuë , Prevosté & Vicomté de Paris , mais d'autant que depuis ledit temps lesdites lettres ne vous ont point esté presentées, que pourriez faire difficulté d'entrer en la verification d'icelles , si vous n'avez sur ce nouveau mandement de nous : Lesd. Maistres Jardiniers & Communauté dudit métier nous ont tres-humblement fait supplier leur vouloir accorder nos lettres à ce necessaires. A ces Causes voulant favorablement traiter lesdits maistres Jardiniers , & leur témoigner que nostre intention est que chaque Communauté soit gouvernée & observée les Statuts qui leur sont ordonnées ; Nous vous mandons & ordonnons par ces presentes, & vous ayez à faire registrer lesdites lettres , & du contenu en icelles faire jouyr lesdits exposans pleinement & paisiblement , & observer les Statuts de ladite Communauté exactement ; sans souffrir qu'aucun y contrevienne,& ce nonobstant la datte & surannation desdites Lettres de confirmation desdits privileges & Statuts, que ne voulons nuire ny préjudicier ausdits exposans , & de laquelle en tant que besoin est ou seroit, nous les avons relevez & relevons par ces presentes. Car tel est nôtre plaisir. Donné à Paris le 9. jour de Septembre l'an de grace 1654. & de nostre Regne le douziéme. Signé par le Roy en son Conseil, Vigneron.

Et au bas est écrit registrées ouy le consentant le Procureur General du Roy , pour jouyr par les Impetrans de l'effet y contenu selon leur forme & teneur. A Paris en Parlement le 14. Avril 1655. Signé du Tillet.

Extrait des Registres du Greffe de la Chambre de Monsieur le Procureur du Roy au Chastelet de Paris , premier Iuge conservateur des Arts & Mestiers, Maistrises & Iurandes de cette Ville , Fauxbourgs & Banlieuë.
Du Mercredy 29. Iuillet 1654.

SOnt comparus les Jurez de la Communauté des maistres Jardiniers de cette Ville, Fauxbourgs & Banlieuë de Paris ; deffendeurs aux fins de l'exploit , fait à leur Requeste contre Michel Dijon Compagnon Iardinier , deffendeur & deffaillant non comparant , ny Procureur pour luy deuëment appellé , & par vertu du deffaut qu'avons contre luy donné , & pour le profit d'iceluy nous avons lesdits deffendeurs condamné & condamnons à payer aux demandeurs la somme de dix sols pour une année du

droit

droict de visite deub aux Deffendeurs avec despens; & soit signifié. Donné par Maistre Germain Soufflet Advocat en Parlement, & premier Substitut dudit sieur Procureur, & expediant au Siege pour son absence les jour & an que dessus, avec collation.

Et au bas est écrit, Signifié & baillé copie de la presente Sentence audit Dijon, en parlant à sa personne en son domicille par moy Huissier Sergent à Verge au Chastelet de Paris soussigné le 14. jour d'Aoust 1654. és presence de Jean du Telle, Jean le Grand, & autres témoins. Signé, Granet.

A Tous ceux qui ces presentes Lettres verront, Pierre Seguier, Chevalier Baron de S. Brisson, Seigneur des Ruaux, S. Firmain, les grands & petits Rancy, & autres lieux, Conseiller du Roy, Gentilhomme ordinaire de sa Chambre, & Garde de la Prevosté & Vicomté de Paris; Salut sçavoir faisons que sur la Requeste faite en Jugement devant nous en la Chambre Civile du Chastelet de Paris par Maistre Nicolas Tauxiet Procureur des Jurez Jardiniers de cette Ville de Paris, demandeur en confirmation de l'advis du Procureur du Roy du 29. Juillet, & aux fins de leur exploict du 20. Aoust dernier, à l'encontre de Maistre Michel Herbin Procureur de Michel Dijon Compagnon Jardinier deffendeur, parties ouyes, lecture faite desdits advis, & exploicts dessus dattez : Nous avons ledit advis confirmé & le confirmons de poinct en poinct selon sa forme & teneur, & suivant iceluy condamnons ledit deffendeur à payer dix sols pour une année du droict de visite deub aux Jurez dudit mestier de Jardinier, & és despens liquidez à quarante huict sols parisis, & és frais des presentes qui seront executez, non obstant oppositions ou appellations quelconques faites ou à faire, & sans prejudice d'icelles, pour lesquelles ne sera differé : en témoin de ce nous avons fait sceller ces Presentes. Ce fut fait & ordonné par Messire Dreux Daubray Conseiller d'Estat, & Lieutenant Civil d'icelle Prevosté, tenant le Siege le Mercredy 9. Septembre 1654. avec collation.

Extraict des Registres de Parlement.

ENtre Michel Dijon Compagnon Jardinier en cette Ville de Paris, appellant de la Sentence renduë par le prevost de Paris ou son Lieutenant Civil le 9. Septembre 1654. confirmative d'un advis rendu par le Substitud du Procureur General au Chastelet le
jour dudit mois de Septembre, par lequel est ordonné que l'appellant souffriroit la visite des Jurez Jardiniers dudit mestier, & payeroit pour le droict de ladite visite cinq sols ausdits Jurez une fois l'an, à l'esgard des maistres, & pour les Compagnons la somme de dix sols, & aux

E

despens de l'inftance d'une part, & les Iurez & Communauté des Maiftres Iardiniers de la Ville, Faux-bourgs & Banlieuë de Paris, inthimez
d'autre, apres que Maiftre Pierre le Ioug leur Procureur en la Cour
& dudit appellant, en vertu de la procuration fpecialle à luy paſſée le
9. jour du prefent mois de Mars, a declaré ne vouloir fouftenir ledit
appel, ains acquieſſent à iceluy appointé eftre ouy fur ce le Procureur
General du Roy, que la Cour a mis & met l'appellation au neant:
ordonne que la Sentence dont eft appel, à laquelle l'appellant a acqui-
eſcé & acquieſſe fortira fon plein & entier effect, condamné l'appellant
aux defpens de la caufe d'appel, que la Cour a liquidez à douze livres
parifis, & en l'amande de foixante fols parifis, Faict en Parlement le
13. jour de Mars 1655. Avec collation. Signé Guyet, Greffier.

SOnt comparus les Iurez de la Communauté des maiftres Iardiniers
de cette Ville de Paris, demandeurs aux fins de l'exploict fait à
leur Requefte, affiftés de maiftre Nicolas Tauxier leur Procureur,
contre Germain Rivault, Iean Nepveu, Hubert Laille, Guillaume Allard,
Elie Payen, Loüis Dagory, Iacques Gogon, Charles Handigny,
Claude Regnault, Touſtainct Goullas, Vincent Ufé, Noel André,
Claude Infré, Vincent Garnier, Nicolas Houllet, Nicolas Girard, Robert Boullard, Olivier Louvet, Laurent Patry, Michel Dijon, Charles
Handeny, Iean Tautin, Pierre Gilbert, Jean Regnault, Nicolas la Voye,
Nicolas Louvet, Claude Giverny, Nicolas Coipel, Nicolas le Quay,
& Sebaſtien Dutemps, tous compagnons Iardiniers à Paris, deffen-
deurs, prefens en perfonnes, affiltez de Maiftre Chriftophle Gravet
leur Procureur, parties ouyes en leur plaidoyé & remonftrance: Nous
difons que lefdits deffendeurs feront tenus & les condamnons de fe
faire recevoir maiftres Iardiniers en cette Ville de Paris, & iufqu'à ce
leurs faifons deffences de faire acte de maiftre, ny apporter en cette
Ville aucune chofe dependante dudit meftier, à peine de quatre cens
livres d'amande & de confifcation de ce qui fera faifi. Donné par maiftre
Germain Soufflet Advocat en Parlement, & premier Subftitud dudit
ſieur Procureur du Roy, & expediant au Siege pour fon abfence les jour
& an que deſſus. Signé, Chaloigne.

A Tous ceux qui ces preſentes lettres verront, Pierre Seguier Chevalier Baron de S. Briſſon, Seigneur des Ruaux, de S. Firmain, l'Eſtang la Ville, & autres lieux, Conſeiller du Roy, Gentilhomme ordinaire de ſa Chambre, & Garde de la Preuoſté de Paris; Salut, ſçavoir faiſons que ſur la Requeſte faite en jugement devant nous en la Chambre Civile au Chaſtelet de Paris, par Maiſtre Nicolas Tauxier Procureur des Iurez Iardiniers de cette Ville de Paris, demandeurs en confirmation de l'advis du Procureur du Roy du jour d'hier, & deffendeur en renuoy à l'encontre de maiſtre Chriſtophle Graver, Procureur de Germain Rivault, Iean Nepveu, Hubert Lallier, Guillaume Allard, Elie Payen, Loüis Dagory, Iacques Gogon, Charles Handiny, Claude Regnault, Touſſaint Goullas, Vincent Uſé, Noel André, Claude Infré, Vincent Garnier, Nicolas Houllet, Nicolas Girard, Robert Boullard, Olivier Louvet, Laurent Patry, Michel Dijon, Charles Handeny, Iean Tautin, Pierre Gilbert, Iean Regnault, Nicolas la Voye, Nicolas Louvet, Claude Giverny, Nicolas Coipel, Nicolas le Guay, & Sebaſtien Dutemps, tous Compagnons Iardiniers deffendeurs & demandeurs en renvoy dudit advis, parties ouyes : Nous avons ledit advis confirmé & confirmons de poinct en poinct ſelon leur forme & teneur, & ſuivant iceluy condamnation, leſdits Rivault & conforts de ſe faire paſſer & reçevoir maiſtres Iardiniers en cette Ville de Paris, & juſqu'à ce leurs faiſons deffence de faire acte de maiſtres, ny apporter en cette Ville aucune marchandiſe dépendante dudit meſtier, à peine de confiſcation, & de quatre cens livres d'amande, & ſi les condamnons és deſpens ; En témoin de ce, nous avons fait ſceller ces preſentes. Donné par nous Meſſire Dreux Daubray, Conſeiller d'Eſtat, & Lieutenant Civil de ladite Prevoſté, tenant le Siege le mercredy 17. Mars 1655. Avec collation.

Extraict des Regiſtres de Parlement.

ENtre Nicolas Louvet, Claude Giverny, Nicolas Goipel, Nicolas Lavois, Germain Riuault, Iean Nepueu, Hubert Lallier, Guillaume Allard, Elie Payen, Loüis Dagory, Iacques Gogon, Charles Handigny, Claude Regnault, Touſſaint Goullas, Vincent Uſé, Noël André, Claude Infor, Vincent Garnier, Nicolas Houllet, Nicolas Girard, Robert Boullard, Oliuier Louvet, Laurent Patry, Michel Dijon, Charles Handeny, Iean Totin, Marin Dijon, Pierre Gilbert & Iean Regnault, tous Compagnons Iardiniers de la Ville, Faux-bourgs & Banlieuë de Paris, demandeurs en Requeſte par eux preſentée à la Cour le   jour d 1655. à ce qu'il plaiſe à la Cour les recevoir parties intervenantes en l'inftance d'appel, pendant en ladite Cour entre ledit Michel Dijon appellant d'une Sentence renduë par le Prevoft de Paris ou fon Lieutenant Civil, le 9. Septembre dernier d'une part, & les Iurez Iardiners de cette ville inthimez d'autre, en confequence les reçevoir oppofans à l'enregiftrement, verification & confirmation des Statuts des maiftres Iardiniers obtenus par les Iurez dudit meftier, & pourfuivis en ladite Cour par les deffendeurs & demandeurs cy-apres nommez, faifant droiêt fur leur opofition que deffenfes fuffent faites aufdits maiftres & Iurez Iardiniers d'exiger fur lefd. compagnons autres fommes que de 5. fols pour vifite par chacun an fur chacun d'iceux & moyenant ce il leur fût permis de vendre aux Halles & autres Places publiques de cette ville les marchandifes de verdure, plans & plantes de leur meftier ; deffence de leur y troubler conformement aux Arrefts du Confeil privé de fa Majéfté & de la Cour, & deffendeurs d'une part, & la communauté des Iurez des Maiftres Iardiniers de ladite Ville, Prevofté & Banlieuë de Paris deffendeurs & demandeurs en autres : Requefte par eux prefentée à ladite Cour le   du prefent mois de Mars, à ce que nonobftant & fans avoir efgard à l'oppofition defdits compagnons Iardiniers, dont ils feroient deboutez defdit. lettres patentes de confirmation, & de leurs anciens & modernes Saruts & Privileges dud. meftier fuffent verifiées en ladite Cour, & regiftrées au Greffe d'Icelle, & fuivant icelle maintenus & gardez en leurdit priuilege d'autres, apres que le Ioug leur procureur defdits Compagnons Iardiniers, en vertu de la procuration fpeciale à luy paffée par eux le 9. jour du prefent mois de Mars, a declaré pour lefdits Compagnons Iardiniers qu'il defiftoit de l'oppofition qu'ils avoient formez à l'enregiftremrnt des lettres de confirmation des Statuts defdits Maiftres Iardiniers obtenus par les Iurez dudit meftier, ont confenty que lefdites lettres ayent lieu : Appointé eftoüy fur ce le Procureur General du Roy en la Cour, a donné & donne aête aufdits compagnons Iardiniers du defiftement de l'oppofition par eux formée, & en confequence ayant efgard à la Requefte defdits Iurez de la communauté dudit meftier, a ordonné & ordonne que lefdites lettres patentes de confirmation des modernes & anciens Statuts, Priuileges & Reglemens de leurd. meftier, feront verifiées & regiftrées en la Cour, fi faire fe doit, pour joüir par la Communauté dudit meftier du contenu en icelles : enfemble des Reglemens & Privileges attribuez audit meftier. Fait en Parlement le 20. jour de Mars 1655. Signé, Du Tillet, Greffier, avec collation.

Extraict des Registres de Parlement.

VEu par la Cour les Lettres patentes du Roy données à Paris au mois de Iuin 1645. Signées sur le reply par le Roy VABOTET, & scellées sur lacs de soye du grand sceau de cire verte, obtenues par les Maistres & Communauté du mestier de Iardinier en la Ville, Faux-bourgs, Banlieuë, Preuosté & Vicomté de Paris, pour lesquels ledit Seigneur apres avoir fait voir en son Conseil les Privileges & Statuts confirmés par les lettres du feu roy Henry le Grand, avec l'Arrest d'enregistrement & Quittance de finance par eux payée pour ladite confirmation, auroit confirmé & approuvé lesdits Privileges & Statuts, pour en joüir par eux & leurs successeurs audit mestier de Iardinage, pleinement, paisiblement & perpetuellement, & tout ainsi qu'ils en ont joüy, bien & deuëment usé, joüissent & usent encore de present, ainsi & comme plus au long est porté par lesd. Lettres à la Cour adressantes : Lettres de surannation desdites Lettres du 9. Septembre 1654. lesdits Statuts du 25. Octobre 1599. & lettres de confirmation d'iceux du mois de Novembre ensuivant, registrées en Parlement le 27. Avril 1600. & autres pieces attachées sous le contrescel, Arrest de la Cour du 13. Mars 1655. ren u sur l'opposition de Nicolas Louvet, Claude Givery, Nicolas Coipel & consorts, tous compagnons Iardiniers de la Ville & Faux-bourgs de Paris, portant que sans avoir esgard il sera passé outre à l'enregistrement desdites Lettres : Requestes presentées à ladite Cour par les Impetrans, afin d'enregistrement desdit. Lettres, Conclusions du Procureur General du Roy ; Et tout consideré, LA COVR a ordonné & ordonne que lesdites Lettres seront registrées au Greffe d'icelle, pour joüir par lesd. Impetrans de l'effect & côtenu en icelles selon leur forme & teneur, ainsi qu'ils en ont bien & deuëment joüy & usé, joüissent & usent encore de present, & sera le present Arrest executé par vertu de l'extraict d'iceluy. Faict en Parlement le 14. Avril 1655. Signé, DU TILLET, Greffier.

Le contenu és articles de l'aut e part éscrit, publié à Son de Trompe & Cry pubic aux lieux de la Place de Gréve, Halles, Escolles S. Germain, la porte de Paris, Carrefour S. Severin, Place Maubert, & autres Places & Marchez publics à faire cry, par moy Charles Canto, Huissier Sergent a Verge, & Crieur Iuré du Roy en son Chastelet, Prevosté & Vicomté de Paris, appellé par moy

Trompette dudit Seigneur, le

jour de   1655. Signé Canto.

Collationné à l'Original par moy Conseiller, Secretaire du Roy & de ses Finances.

Extrait des Registres du Conseil d'Estat.

Eu par le Roy en son Conseil la Requeste presentée à sa Majesté par la Communauté des Jardiniers de Paris, tendante à ce qu'il luy plût leur donner Acte des Offres & soumissions qu'ils font de payer dans tel tems qu'il plaira à sa Majesté, non seulement la finance des Offices d'Auditeurs Examinateurs des comptes des revenus de leur Communauté creés par Edit du mois de Mars 1694. & depuis reunis à ladite Communauté en consequence de l'Arrest du Conseil du 14. Juin 1695. mais aussi de rembourser celle qui a esté payée à sa Majesté pour les Offices de Jurez de ladite Communauté par les Particuliers qui en sont pourveus, mesme leurs frais & loyaux cousts suivant la taxe qui en sera faite par telle personne qu'il plaira à sa Majesté de commettre à cet effet, cependant leur permettre de faire informer pardevant le sieur Lieutenant General de Police, ou tel autre Juge qu'il plaira à sa Majesté des faits contenus en ladite Requeste circonstances & dependences, & faire deffenses ausdits Jurez de continuer leurs visites chez les Maistres & Compagnons du Mestier, ny de faire aucune fonction de Jurande, l'Acte signé par Charles Beslard, Louis Totin, Jean Baptiste Boivinet, & Nicolas Chevalier, Jurez des Jardiniers de la Ville & Fauxbourg de Paris le 5. du present mois d'Octobre, par lequel ils consentent que les Offices de Jurez dont ils sont pourveus soient & demeurent à l'avenir réunis & incorporez à la Communauté desdits Maistres Jardiniers, & offrent à cet effet de luy en faire toute demission & cession necessaire en les remboursant argent comptant, tant de la finance payée pour ceux desdits Officiers qui ont acquis leurs Offices directement de sa Majesté, que depuis porté par les Contrats d'acquisition de ceux d'entre eux qui ont acquis leurs Charges des premiers pourveus d'icelles ou de leurs heritiers, ensemble des frais & loyaux cousts & autres depenses faites par aucuns desdits Jurez, suivant l'estat qui en a esté remis au sieur Procureur du Roy au Chastelet & arresté par luy en presence de Monsieur le Chancelier, à la charge aussi qu'il leur sera permis de recevoir & faire payer les droits de visite qui leur sont deus pour le quartier écheu le 30. Septembre dernier, ensemble les restes qui leur sont encore deus des quartiers precedens, si mieux n'aime la Communauté les leur payer & en faire le recouvrement, ainsi que bon leur semblera, suivant les estats qu'ils en fourniront & certifieront veritables; & semblablement que la Communauté s'obligera de les acquitter, tant en principal qu'interest de l'emprumt qu'ils ont fait pour payer le premier tiers de la finance des Offices d'Auditeurs Examinateurs des comptes de ladite Communauté, mesme de les faire décharger des soûmissions qu'ils ont faites au Traittant pour le payement du surplus de ladite finance : Veu aussi l'extrait du rôle arresté au Conseil le 26. Juin 1696. par lequel la finance desdits Offices d'Auditeurs des comptes a esté reglée à la somme de 4000. livres & les 2. sols pour livre , ensemble copie du recepissé signé, Pessemesse, Caissier du Traittant desdits'Offices du 23. Juillet dernier de la somme de 1466. livres 13. sols 4. deniers payés par lesdits Bellard, Totin, Boivinet & Chevalier à compte de la somme de 4400. livres pour le Principal, & les 2. sols pour livre de la finance desdits Offices d'Auditeurs, & oüy le rapport du sieur Phelyppeaux de Pontchartrain, Conseiller Ordinaire au Conseil Royal, Controlleur General des Finances, LE ROY EN SON CONSEIL a ordonné & ordonne du consentement desdits Bellard, Totin Boivinet & Chevalier, que les Offices de Jurez des Jardiniers de la Ville, Fauxbourgs & Banlieüe de Paris dont ils sont pourveus, seront & demeureront reunis & incorporez à toûjours à la Communauté desdits Jardiniers, auquel effet ils luy en feront toutes demissions & cessions necessaires, en leur payant comptant par ladite Communauté, sçavoir ausdits Bellard & Totin, les sommes contenuës és quittances de finances attachées sous le contrescel de leurs Lettres de Provisions; & ausd.Boivinet & Chevalier le prix porté par les Contracts d'acquisition qu'ils en ont faits des premiers Titulaires desdits Offices, ou de leurs heritiers , & les remboursant des frais, loyaux cousts & autres depenses par eux faites suivant la liquidation qui en sera faite devant le Procureur de sa Majesté au Chastelet, ce faisant permet à ladite Communauté de proceder incessamment à l'élection des nouveaux Jurez, lesquels pourront faire leurs fonctions sur les simples commissions qui leur seront délivrées par led. Procureur du Roy, sans estre obligé d'obtenir des Lettres de provision ny de confirmation de sa Majesté, qui les en a dispensé dérogeant pour cet égard à son Edit du mois de Mars 1691. Veut neanmoins & entend sa Majesté que lesd. Bellard, Totin, Boivinet & Chevalier puissent recevoir & se faire payer des droits de visite qui leur sont deus jusqu'au dernier du present mois d'Octobre; Ordonne aussi sa Majesté que les Offices d'Auditeurs Examinateurs des comptes des revenus de lad. Communauté creez par Edit du mois de Mars 1694. seront & demeureront reunis à icelle en payant par lad. Communauté ce qui reste deub de la somme de 4000. livres, à laquelle a esté reglée la finance desdits Offices par le rôle arresté au Conseil le 26. Juin dernier & les 2. sols pour livre de ladite somme, sçavoir la moitié dans le mois de Novembre prochain, & l'autre moitié en celuy de Decembre suivant, & remboursant lesdits Bellard, Totin, Boisvinet & Chevalier de la somme de 1460. liv. 13. sols 4 deniers par eux payée à compte de lad. finance suivant le recepissé signé, Pessemesse du 23. Juillet dernier, ensemblement des interests de lad. somme depuis le jour dudit payement, au moyen dequoy lad. Communauté joüira des gages & du droit Royal attribués ausdits Offices, sçavoir desd. gages à compter du jour porté par l'Arrest du Conseil du 4 Septembre dernier, & du droit Royal depuis l'Edit du mois de Mars 1694. & pour faciliter à la Communauté lesd. payements, ordonne sa Majesté qu'elle s'assemblera incessamment en presence de son Procureur au Chastelet, pour convenir des moyens les plus prompts, & les moins à charge à ladite Communauté; Enjoint audit Procureur du Roy de tenir la main à l'exécution du present Arrest. Fait au Conseil du Roy tenu à Fontainebleau le 27. jour d'Octobre 1696. Collationné; Signé, DELAISTRE,

Le sixiéme jour de Novembre 1696. à la requeste de Nicolas Himet, Jacques Hebert, Pierre Pinson, Michel Baudin, Louis Petit, Laurens Dangé, Pierre le Maistre, & Jean Laisné Jardiniers à Paris & nommez par la Communauté des Jardiniers de la Ville & Fauxbourgs de Paris, pour faire le remboursement en question, qui ont éleu leur domicille en la maison de Mr Pellissier Advocat és Conseils du Roy, Fut l'Arrest du Conseil d'Estat du Roy rendu à Fontainebleau sur leur Requeste le 27. Octobre dernier aux fins y contenus, montré, signifié & d'iceluy laissé copies separées à Charles Bellard en son domicille Faubourg S. Martin en parlant à sa personne, à Louis Totin en son domicile au Temple, parlant à sa personne, à Jean Baptiste Boisvinet ruë S. Lambert, parlant à sa personne, & à Nicolas Chevalier ruë S. Dominique, parlant à sa femme; Lesdits Bellard, Totin, Boiviner, & Chevalier pourveus des Offices de Jurez hereditaires de la Communauté des Jardiniers de Paris, à ce que du contenu ausdit Arrest ils n'ignorent, & ayent à y obéïr, & en vertu d'iceluy nous Huissier ordinaire des Conseils du Roy soussigné, avons de par sa Majesté fait tres exprés commandement ausdits Bellard, Totin, Boivinet & Chevalier parlant, comme dit est, de se trouver demain Mercredy septiéme du present mois deux heures de relevée en l'estude de Mr Thibert Notaire au Chastelet ruë S. Avoye, pour recevoir comptant; sçavoir lesdits Bellard & Totin la somme de 1500. livres, chacun pour le prix de la finance desd. Offices, suivant les quittances qu'ils en rapporteront attachées sous le contrescel de leurs Provisions, & lesd. Boivinet & Chevalier le prix porté par les Contrats d'acquisition qu'ils ont fait desd. Charges & qu'ils affirmeront veritablement: & faute par lesd. Bellard, Totin, Boivinet & Chevalier, de satisfaire au present commandement, & de se trouver aud. jour lieu & heure, nous leur avons declaré pour ladite Communauté, qu'elle consignera és mains dud. Me. Thibert Notaire la somme de 3000. liv. pour le remboursement desd. Bellard & Totin, & que lad. Communauté procedera à l'élection de nouveaux Jurez; Et en outre nous avons sommé lesd. Bellard, Totin, Boivinet & Chevalier, que lad. Communauté leur feroit de même le remboursement de la somme de 1466. livres 13. sols 4. deniers par eux pretendus payez au Traitant des Offices d'Auditeurs des comptes de lad. Communauté, ensemblement les interests de lad. somme à eux adjugez par le present Arrest, sinon que ladite somme sera & demeurera de mesme consignée és mains dud. Mr. Thibert, en rapportant neanmoins par eux main-levée des oppositions à la délivrance desdits deniers, si aucuns se trouvent, le tout sans prejudice à la Communauté & les autres droits, Actions & pretentions; Par nous signé, SALLE. *Extrait*

EXTRAIT DES REGISTRES DU CONSEIL D'ESTAT.

SUR la Requeste presentée au Roy en son Conseil par les Jurez, Corps & Communauté des Maiftres Jardiniers à Paris, contenant que pour obéïr aux ordres de Sa Majefté, plufieurs defdits Maiftres ayant fait leurs foûmiffions non feulement de payer la finance des Offices d'Auditeurs Examinateurs des comptes créez par Edit du mois de Mars 1694. avec les deux fols pour livre de ladite Finance, mais auffi de rembourfer celle qui avoit efté payee par les nommez Totin, Belard, Boivenet & Chevalier pour la Finance des Offices des Jurez creez par Edit du mois de Mars 1691. Et lefdits Totin, Belard, Boivinet & Chevalier ayant confenti de recevoir leur remboursement par Arreft du Conſeil du 27. Octobre 1696. Sa Majefté auroit ordonné la reunion defdits Offices de Jurez à la Communauté, en remboursant aufdits Belards & Totin ce qu'ils avoient payé pour la finance de leurs charges, & aufdits Boivinet & Chevalier le prix porté par leurs Contrats d'acquifition, lefquels pourroient fe faire payer de leurs droits de vifite jufqu'au premier dudit mois d'Octobre, Ce faifant auroit permis à ladite Communauté des Jardiniers de proceder à l'élection des Jurez & ordonne que ceux qui feroient éleus, en exerceroient les fonctions en vertu des Commiffions qui leur feroient délivrées par fon Procureur au Chaftelet, comme auffi Sa Majefté auroit ordonné par ledit Arreft que les Offices d'Auditeurs des comptes feroient reünis à la Communauté en payant par elle ce qui reftoit deu à la fomme de 4000. livres à laquelle la Finance defdits Offices avoit efté reduite & moderée, & des deux fols pour livre & remboursant lefdits Totin, Belard, Boivinet & Chevalier de la fomme de 1466. liv. 3. f. 4. deniers par eux payés & comptés de ladite Finance avec les interefts, & que pour faciliter ledit payement & convenir des moyens les plus prompts & les moins à charge à la Communauté, elle s'affembleroit inceffamment en prefence de fon Procureur au Chaftelet, auquel Sa Majefté auroit enjoint de tenir la main à l'execution dudit Arreft, en confirmité duquel, les Anciens & autres principaux Maiftres de la Communauté s'eftant diverfes fois affemblez par une premiere deliberation du 7. Novembre 1696. ils auroient en premier lieu approuvé & confirmé ce qui avoit efté fait par Michel Baudouin, Pierre Pinfon & Confors en execution de la deliberation de ladite Communauté du 20. Juillet de ladite année 1696. pour la reunion des Offices de Jurez & d'Auditeurs Examinateurs des comptes au profit de la Communauté, & fe feroient foûmis à l'execution dudit Arreft du Confeil du 27. Octobre audit an 1696. En fecond lieu ils auroient donné pouvoir aufdits Baudin, Pinfon & Confors de rembourfer les Jurez pourveus des Offices tant

G

de leur finance que du prix de leurs Contracts, frais loyaux, coufts, &
conformement audit Arreft du Confeil, & confenty qu'en vertu des
payements qui feroient par eux faits aufdits Jurez de la Finance & du
prix de leurs charges, frais & loyaux coufts, mefme de 1466. livres qu'ils
avoient avancez pour le payement de ladite Finance defd. Officiers d'Auditeurs des comptes ils feroient & demeureroient creanciers de ladite
Communauté fubrogez en tous les droits des pourveus defdits Offices de
Jurez & qu'en cette qualité ils auroient hypotecque fpecial & privilege
fur lefdits Offices de Jurez & Auditeurs des comptes, gages, droit Royal
& autres droits y attribuez, fans qu'il fut befoin de leur en paffer aucun
Contract de conftitution ny autre Acte par ladite Communauté, que ladite déliberation & les quittances qu'il rapporteroit des payemens qui auroient efté faits par luy ou par autres en l'acquit de ladite Communauté,
que pour parvenir au payement & rembourfement des fommes qui auroient efté fournies par lefdits Baudin & Confors, ou autres qui auroient
payé lefdites Finances, il feroit fait un roolle tant par eux que par les
Jurez & fix Anciens qu'ils apelleront avec eux de tous les Maiftres & Compagnons Jardiniers qui contiendroit les fommes pour lefquelles chacun feroit tenu de contribuer au payement de ladite Finance, le tout fuivant
l'advis du fieur Procureur du Roy au Chaftelet, auquel ils fe feroient
foûmis, lefquels Maiftres & Compagnons feroient contraints au payement
des fommes pour lefquelles ils auroient efté employés audit roolle de repartition, & lefquelles feroient employés au rembourfement des fommes
qui auroient efté portées par lefdits Baudin & confors ou autres avec eux,
lefquels pour témoigner leur affection à la Communauté, confentoient de
n'eftre payés d'aucuns intereft des fommes principalles par luy preftées & les
frais qu'ils auroient fait legitimement, & qui feroient pareillement reglés par
l'advis dud. fieur Procureur du Roy leur feroient rembourfés dans 3. mois, à
compter du jour des payemens qui auroient été faits par eux, que pour reconnoiftre la grace faite à la Communauté par ledit Baudin & confors,
mefme pour engager d'autres Maiftres & Compagnons de prêter à la
Communauté, ils auroient confenti que lefdits Michel Baudin, Pierre
Pinfou, Louis Petit, Nicolas Himet, & Pierre le Maiftre fuffent difpenfez d'eftre éleus & nommés Jurez, & que neanmoins ils euffent dés
ledit jour & à l'avenir le rang, qualité & tous les droits & privileges
qui appartiennent aux anciens Jurez, & que Laurent Danger, Jean
Laifné, & Jacques Hebert Compagnons fuffent receus Maiftres fans aucuns frais, & qu'à l'inftant de leur reception, ils euffent pareillement
la qualité, le rang & tous les privileges d'anciens, tout de mefme que
s'ils avoient exercés la Jurande, que les Jurez qui feroient élûs ne pourroient fans la participation defdits Baudin & confors faire aucune chofe

qui regardât la Communauté, ainsi seroient tenus les appeller à toutes les affaires & déliberations de quelque qualité qu'elles pussent estre jusqu'à ce qu'ils eussent esté entierement rembourcés des sommes par luy avancés, & que ceux des fis de Maistre & Compagnons qui se presenteroient à la Maistrise dans un mois seroient reçeus sans payer aucuns droits aux Jurez ni aux anciens, en execution de laquelle deliberation depofé pour minutte chez Thibert Nottaire au Châtelet, lesdits Baudin, Pinfon & autres ayans à l'instance porté diverses sommes mentionnées dans l'Acte du mesme jour 7. Novembre 1696. passé en l'étude de dudit Tibert Nottaire, montant ensemble à celle de dix mil quatre cent soixante livres, ils auroient fait offre de deniers à decouvert ausdits Bellard, Totin, Boivenet, & Chevalier Jurez en titre d'Office de les rembourcer conformement audit Arrest du Conseil du 27. Octobre dernier & a deffaut par eux d'estre comparus pour les recevoir, les auroient laissez entre les mains dudit Thibert Nottaire, par forme de dépôts, & depuis les auroient emploiez à rembourcer lesdits Bellard, Totin, Boivenet & Chevalier tant du prix de leurs contrats que de la finance de leurs charges de Jurez, leurs frais & loyaux cousts la somme de mil quatre cent soixante-six livres, & interest d'icelle, & frais faits en consequence, mesme les auroient rembourcés de ce qui pouvoit leur estre deu pour leurs anciennes visites, dont la reserve leur avoit esté faite par ledit Arrest du Conseil; de tous lesquels payemens les quittances ayant esté données pardevant ledit Thibert & son Compagnon Notaires au Chastelet; ladite Communauté aprés avoir procedé à l'élection des Jurez se feroit de nouveau assemblée avec plusieurs Compagnons dudit mestier & par une déliberation du 20. Decembre 1696. voulant pourvoir au payement de ce qui reste deu de la Finance des Offices d'Auditeurs des comptes, & au rembourfement de la somme de 10460 liv. avancée par lesdits Baudin, Pinfon & autres de dénommés dans l'Acte du 7. Novembre dernier tant pour le payement du premier tiers de ladite Finance, que pour le remboursement des Jurez en titre d'Office, & des frais qu'il conviendra faire à l'advenir pour l'obtention de l'Arrest du Conseil & Lettres Patentes confirmatives d'iceluy & de leurs Statuts, & les faire enregistrer au Parlement, & en mesme temps retablir l'ordre & la discipline dans leur Communauté qui avoient esté entierement abandonnés depuis l'année 1691. ils feroient demeurez d'accord qu'il feroit imposé sur la Communauté une somme de 15500. livres, & que l'estat & roole de repartition de ladite somme fait par les Jurez avec six Anciens, & lesdits Baudin, Pinfon & consors sur tous les Maistres & Compagnons Jardiniers feroit executé selon sa forme & teneur, & tous les denommez contraints au payement des sommes y contenues comme les propres deniers & affai-

res de Sa Majesté, que les sommes contenues audit roolé seroient payées
en pure perte par lesdits Maistres & Compagnons sans pouvoir par eux en
pretendre aucune restitution ny remboursement sur ladite Communauté,
à laquelle chacun d'eux auroit consenty d'en faire don pour empescher
qu'elle ne fust accablée des debtes, que lesdites sommes contenues audit
rôle de repartition seroient receuës par lesdits Michel Baudin & Pierre
Pinson pour les quartiers de la Ville de l'Evesque & des Porcherons; par
Nicolas Himet & Jacques Hebert, pour les quartiers de S. Laurens, S.
Denis & la Courtille; par Loüis Petit & Laurent Dangé pour les quartiers du Pont-aux-choux, Fauxbourg de S. Antoine & vallée de Fecamp;
& par lesdits Pierre le Maistre & Jean Laisné pour les quartiers S. Victor
S. Marcel & S. Germain, & par eux tous employés, premierement à payer
les deux tiers restans deus de ladite Finance des Offices d'Auditeurs Examinateurs des comptes, & ensuite à leur remboursement des sommes pour
lesquelles ils avoient contribué au prest de lad. somme de 10460. livres,
& ce par concurrence & contribution entr'eux au sols la livre, & que lesdits Creanciers seroient payés desdites sommes principales seulement, au
cas qu'ils soient entierement remboursés dans le 7. Fevrier de la presente
année, & au cas qu'ils ne soient pas entierement remboursés dans led. jour
les interests des sommes qui leur resteront dans l'heure seroient payés à
commencer ledit jour sept Fevrier jusqu'à leur entier & parfait remboursement, Que les Statuts de ladite Communauté, Lettres Patentes confirmatives d'iceux, Arrests & Reglemens rendus en confirmité seroient exé-
cutez selon leur forme & teneur, & la Communauté maintenue & gardée en tous ses Privileges & exemptions à elle accordés de toute ancienneté; Que les Maistres seront maintenus en possession & joüissance de
vendre tous les matins leurs legumes & herbages dans les Halles depuis
la Halle au bled jusqu'à la ruë S. Honoré & ruës adjacentes, avec deffences aux Placiers, Revendeuses & autres d'embarasser pendant le temps
du marché avec des paniers, ou autrement, lesdites places destinées de
toute ancienneté pour lesdits Maistres Jardiniers, qu'il seroit permis à
tous Compagnons Jardiniers de se faire recevoir Maistres, pendant
six mois à commencer du premier Janvier dernier, en payant seulement le demy droit, & pendant lesdits six mois, ils auroient la liberté de venir vendre leurs legumes & herbages conjointement avec les
Maistres dans le premier Juillet 1697. & iceluy passé, lesdits Compagnons
venans pour vendre leurs legumes & herbages ne pourroient plus se placer avec les Maistres, mais seroient tenus de prendre leurs places aprés
eux seulement ainsi que les domestiques des Bourgeois ou des Religieux
mandians qui venoient vendre leurs herbages & legumes à la Halle sans
pouvoir prendre les places des Maistres; que les Jurez éleus comme sub-

rogez

rogez aux droits des Jurez en titre d'Office feroient la visite quatre fois
l'année chez tous les Maistres & Compagnons tenans des Jardins à loyer,
ou les faisant valoir qu'il leur seroit payé par chaque Compagnon vingt sols
par an & par chaque Maistre dix seulement, ausquelles sommes ils seroient
demeurez d'accord que les droits de visites accordez ausdits Jurez par l'Edit
du mois de Mars 1671. & par les provisions demeureroient moderez , à
l'égard des Maistres & Compagnons, desquels droits de visites il en ap-
pa tiendroit moitié aux Jurez pour leurs frais, & l'autre moitié seroit pour
les affaires de la Communauté , ce qui seroit observé de même pour les
autres visites que les Jurez feroient dans la Banlieuë, que les reglements
faits pour les visites par les Jurez des legumes, herbages, fruits & oignons,
fleurs, verjus, arbrisseaux, & pour rapporter les certificats des Curez, Ju-
ges ou Tabellions des lieux, & pour la prohibition à tous les Regratiers
de vendre des arbres & arbrisseaux sur la vallée seroient executés selon
leur forme & teneur, & lesdites visites faites en la maniere accoutumée,
que les Jurez seroient obligez de tenir la main à ce que les Arrests & Reglemens de Police qui contiennent la prohibition de fumer de boues de
Paris fraiches & des matieres fecalles , les Jardins & terres sur lesquels
on fait venir des legumes soient observez , & à cette fin seroient tenus
deux fois l'année de faire leurs visites de toutes les terres & marais & Jardinages dans les Fauxbourgs & Banlieuë de Paris de faire leurs rapports
pardevant le sieur Procureur du Roy du Chastelet de Paris en la maniere
accoûtumée de tous les fumiers qu'ils trouveroient contraires aux Reglemens de Police ; qu'à l'advenir aucun Jardinier ne pourroit tenir Jardin ny marais à loyer qu'il ne fut Maistre, & que pour estre receu Mai-
tre l'aspirant seroit obligé de faire chef d'œuvre, & de payer pour sa reception au profit de la Communauté vingt livres, y compris le droit Royal,
pour la Confrerie cent sols , pour chaque Juré trois livres, pour huit Anciens appellez alternativement & chacun à leur tour aux receptions des
Maistres , il seroit payé à chacun 30. sols & vingt sols au clerc de la Communauté ; Que les fils des Maistres, soient qu'ils fussent nez avant ou depuis la Maistrise de leurs Peres, seroient receus sans faire aucune experience, & qu'il seroit par eux payé seulement demy droit aux Jurez & aux
Anciens ; Que lesdits Baudin, Pinson & Consors seroient tenus de donner quittances de toutes les sommes qu'ils recevroient des Maistres &
Compagnons, & outre en feroient mention sur un Registre, qu'ils seroient obligez de tenir pour chaque quartier, & rendroient compte de
tout ce qu'ils auroient receu pardevant ledit sieur Procureur du Roy du
Chastelet en presence des Jurez, douze Anciens, quatre modernes & quatre
Jeunes ; & si par ledit compte ils se trouvoient entierement remboursés, les
deniers qui se trouveront de reste entre leurs mains seroient mis entre les

mains des Jurez lesquels seroient pareillement tenus de rendre compte
ausdits Baudin, Pinson & consors en presence desdits douze Anciens,
quatre modernes & quatre jeunes, pardevant ledit sieur Procureur du Roy,
de ce qu'ils auroient receu pour droits de visites & le délivrer ausdits Baudin, Pinson & consors en cas qu'ils n'eussent pas esté entierement payés de ladite somme de 10460. liv. & interests si aucuns sont deus, même de leurs frais;
ce qui sera pareillement observé tous les six mois, jusqu'au parfait payement desd. Baudin, Pinson & Consors, sans l'avis desquels pendant
ledit temps, les Jurez ne pouroient rien faire pour les affaires de la
Communauté, & qu'au surplus ledit Arrest du Conseil du 27. Octobre
1696. & les deliberations dudit jour 7. Novembre 1696. seroient aussi
executés selon leur forme & teneur, ensemble les Ordonnances Generalles de Police, concernant les Compagnons qui quittent leurs Maistres,
pour en aller servir d'autres, suivant lesquelles, deffenses seroient faites
à tous Maistres Jardiniers, de débaucher les Compagnons des autres
Maistres, ny de leur donner à travailler de leur métier, qu'auparavant
ils ne fussent allez chez le Maistre du Service duquel sort le Compagnon
pour sçavoir s'il est content de son service; Veu aussi ledit Arrest du
Conseil du 27 Octobre 1696. la déliberation du 7. Novembre ensuivant,
les quittances des payemens & remboursemens faites en consequence
aux Jurez en titre d'Office, ladite déliberation du vingt Decembre dernier. Oüy le Rapport du sieur Phelypeaux de Pontchartrain, Conseiller ordinaire au Conseil Royal, Controlleur General des Finances.
LE ROY EN SON CONSEIL, a ordonné & ordonne que
l'Arrest rendu en iceluy, le vingt sept Octobre dernier, sera executé
selon sa forme & teneur & conformement audit Arrest en consequence
du remboursement fait ausd. Bellard & Totin, des sommes contenues és
quittances de Finance des Offices de Jurez, dont ils étoient pourvûs &
ausdits Boivinet & Chevalier du prix porté par leurs Contracts d'acquisition, de leurs frais & Loyaux Cousts, & du tiers par eux avancé
de la Finance des Offices d'Auditeurs Examinateurs des comptes, interests, & frais, ensemble de ce qui leur est de reste pour leurs anciens
Droits de Visites, que lesd. Offices de Jurez seront & demeureront dés
à present, & à toûjours reunis & incorporez purement & simplement à
la Communauté des Maistres Jardiniers, & les Jurez nouvellement élûs
& ceux qui le seront à l'avenir, exerceront lesdites Charges, en vertu
des Commissions du Procureur de Sa Majesté au Chastelet, ainsi qu'il
se pratiquoit auparavant l'Edit du mois de Mars 1691. & qu'en payant ce
qui reste dû de la somme de 4000. livres à laquelle a esté moderée la
Finance des Offices d'Auditeurs Examinateurs des comptes, & des deux
sols pour livre de ladite Finance, lesd. Offices seront & demeureront

pareillement reunis & incorporez pour toûjours à ladite Communauté des Maîtres Jardiniers, sans estre obligez de prendre des Lettres de Provision de Sa Majesté les a aussi relevez & dispensez, ce faisant lad. Communauté joüira de quarante livres de gages attribuez ausd. Offices conformement à l'Arrest du Conseil du 4 Septembre 1696. & du droit Royal, à commencer du jour de l'Edit du mois de Mars 1694. tel qu'il a esté étably par celuy du mois de Mars 1691. Ordonne que lesd. Baudin, Pinson, & Consors qui ont fourny leurs deniers pour rembourser les Offices de Jurez, & ce qui avoit esté avancé sur la Finance des Offices d'Auditeurs des Comptes, seront & demeureront Creanciers de la Communauté, en vertu des quittances qui font mention que les payemens qui ont été faits de leurs deniers, & qu'en consequence ils auront hypoteques & privilege special sur lesd. Offices, gages, Droit Royal, Droit de Visite, & autres Droits y attribuez, & pour leur en faciliter le remboursement ordonne sa Majesté que l'Etat & Rolle de repartition de la somme de quinze mil cinq cens livres, fait tant par eux que par les Jurez de l'advis de six anciens sera executé selon sa forme & teneur, & les Maîstres & Compagnons y dénommés contraints au payement des sommes, pour lesquelles ils y sont compris comme pour les propres deniers & affaires de Sa Majesté, sans qu'ils puissent pretendre aucune restitution ny remboursement desd. sommes sur la Communauté suivant la deliberation d'icelle du 20. Decembre dernier, seront les sommes portées par ledit Rolle de repartition recûs par les dénommez en lad. deliberation chacun dans les quartiers y mentionnez & par eux employez, premierement à payer ce qui reste dû de la Finance des Offices d'Auditeurs Examinateurs des comptes, & des deux sols pour livre de lad. Finance, & ensuite au remboursement de la somme de dix mil quatre cens soixante livres, fournie & avancée par lesd. Baudin, Pinson, & autres desquelles sommes les interests leur seront payés à commencer seulement du 7. Fevrier dernier, jusques à leur entier & parfait remboursement, seront tenus lesd. Baudin, Pinson & autres dénommez en ladite délibération pour la recette des sommes contenues ausdits Rolles, de donner aux Maîstres & Compagnons des Quittances des sommes qu'ils recevront, & en outre d'en faire mention sur un Regiftre qu'ils tiendront pour chaque quartier, & rendront compte chacun à son égard aussi-tost aprés leur recette finie de tout ce qu'ils auront reçû en presence des Jurez, douze Anciens, quatre Modernes, & quatre Jeunes, & des autres Creanciers de la Communauté, pardevant le Procureur de Sa Majesté au Chastelet de Paris, & s'il se trouve que lesdits Creanciers ayent reçû quelque chose, au delà du remboursement de leur dû, ils seront tenus de remettre le surplus entre les mains des Jurez en Charge pour estre employez aux affaires de la Communauté dans lesquelles ils ne pourront rien faire à l'avenir sans la participation desd. Baudin, Pinson, & Consors & prendre leur avis tant qu'ils demeureront Creanciers de la Communauté, & ce en reconnoissance du Prest fait à la Communauté par lesdits Baudin, & Pinson & autres, Sa Majesté ordonne conformement à la déliberation du vingtiéme Decembre dernier, qu'ils ne pourront estre obligez, si bon leur semble, d'exercer la Jurande, & neanmoins qu'ils auront rang, qualité, & tous les Privileges des Anciens; Veut Sa Majesté que les Statuts de lad. Communauté, Lettres Patentes confirmatives des Arrests & Reglemens rendus en consequence, soient executez selon leur forme & teneur, & lad. Communauté maintenuë & gardée en tous les Privileges & exemptions à elle accordez de toute ancienneté; Ce faisant pourront les Maistres faire apporter ou envoyer tous les matins vendre leurs legumes & herbages dans les Halles aux Poirées, depuis la Halle au Bled, jusques à la ruë S. Honoré & ruës Adjacentes, sans préjudice aux Bourgeois qui ont des Jardins dans les Faux-bourgs & Banlieuë de Paris, & autres qui ont droit de vendre & debiter leurs légumes de les apporter & faire apporter au Marché les Mercredys & Samedis de chaque semaine; Veut Sa Majesté conformément aux Statuts que les Aspirans pour estre reçûs Maistres, soient tenus de faire chef d'œuvre, & payer au profit de la Communauté, vingt livres y compris le droit Royal pour la Confrairie cent sols, pour chaque Juré trois livres, pour chacun des huit Anciens qui seront appellez alternativement chacun à leur tour aux receptions trente sols, & vingt sols pour le Clerc de la Communauté, & que les fils de Maistres soit qu'ils soient nez avant ou depuis la Maistrise de leurs Peres soient receus Maistres sans faire aucune experience en payant seulement par eux demy droit aux Jurez & aux Anciens, & pareillement que pendant six mois à compter du jour du present Arrest, tous Compagnons puissent se faire recevoir Maistres en payant le demy droit seulement. Les Jurez éleus comme subrogez aux droits de Jurez en titre d'Offices qui ont esté rembourfez, feront leurs visites suivant l'ancien usage chez tous les Maistres & Compagnons tenant des Jardins, faisant valoir des Marais ou les tenant à loyer; Pourquoy il leur sera payé par an pour tous droits de visite par chaque Maistre dix sols, & par chaque Compagnon vingt sols, ausquelles sommes de leur consentement Sa Majesté a reduit & moderé les droits de visite attribuez aux Jurez en titre par l'Edit du mois de Mars 1691. & par les provisions à eux expediées; en consequence duquel droit de visite il en appartiendra moitié aux Jurez pour leurs frais, & l'autre moitié employée aux affaires de la Communauté; à l'égard des visites qu'ils feront dans la Banlieue, il en sera usé en la maniere accoûtumée

lesdits

lesdits Jurez seront obligez de tenir la main à ce que les Arrests & Reglemens de Police qui contiennent la prohibition de fumer de bouës de
Paris fraisches de matieres fecalles les jardins & terres sur lesquelles on
fait venir des legumes soient observés & à cette fin seront tenus deux fois
l'année de faire les visites de toutes les terres en marais & jardinages qui
seront tenus par des Maistres & Compagnons Jardiniers dans les Faux-
bourgs & Banlieue de Paris, & de faire leur rapport en la maniere accoûtumée de toutes les contraventions qu'ils trouveront aux Reglemens de
Police sur le fait du jardinage; Fait Sa Majesté défenses à tous Maîtres
de débaucher les Compagnons des autres Maîtres ny de leur donner à
travailler de leur meftier qu'auparavant ils ne soient allé chez le Maistre
que le Compagnon a servy, pour sçavoir s'il est content du service dud.
Compagnon : & pour l'exécution du present Arrest toutes Lettres necessaires seront expediées. Fait au Conseil d'Estat du Roy tenu à Versailles
le trentieme jour d'Avril 1697. Collationné; *Signé*, DU JARDIN.

LETTRES PATENTES DU ROY.

LOUIS par la grace de Dieu Roy de France et de Navarre;
à tous present & avenir Salut ; les Jurez , Corps & Communauté des
Maistres Jardiniers de la Ville, Fauxbourgs & Banlieuë de Paris, Nous ont
tres-humblement fait representer, que pour obéïr à nos ordres plusieurs
desd. Maistres ayant fait leurs soumissions non seulement depuis la Finance
des Offices d'Auditeurs Examinateurs des comptes creez par nostre Edit du
mois de Mars 1694. avec les deux sols pour livre de ladite Finance, mais aussi
de rembourser celle qui avoit esté payée par les nommez Totin, Bellard ,
Boivinet & Chevalier pour la Finance des Offices de Jurez creez par nostre
Edit du mois de Mars 1691. & lesd Totin, Bellard, Boivinet & Chevalier
ayant consenty de recevoir leur remboursement par Arrest de nostre Conseil
du 27 Octobre 1696 Nous aurions ordonné la reunion desdits Offices de
Jurez à la Communauté en remboursant ausdits Bellard, & Totin ce qu'ils
auroient payé pour la finance de leurs Charges, & ausd Boivinet & Chevalier le prix porté par leurs Contracts d'acquisition, lesquels pourroient se
faire payer de leurs droits de visite jusqu'au premier dudit mois d'Octobre,
ce faisant Nous aurions permis à la Communauté de proceder à l'élection
des Jurez, & en outre que ceux qui seroient éleus en exerceroient les fonctions en vertu des commissions qui leur seroient delivrées par nostre Procureur au Chastelet ; Comme aussi Nous aurions ordonné par ledit Arrest que
les Offices d'Auditeurs des comptes seroient réunis à la Communauté en
payant par elle ce qui estoit deub de la somme de 4000. livres, à laquelle
la Finance desd. Offices auroit esté reduite & moderée, & des 2. sols pour

I

livre, & remboursant lesd. Totin, Bellard, Boivinet & Chevalier de la somme de 1466. livres 13. sols 4 deniers par eux payez à compte de lad. Finance avec les interests; & que pour faciliter led. payement & convenir des moyens les plus propres & les moins à charge à la Communauté, Elle s'assembleroit incessamment en presence dud. Procureur au Chastelet, auquel Nous avons enjoint de tenir la main à l'exécution dudit Arrest, en conformité duquel les Anciens & autres principaux Maistres de la Communauté s'estant diverses fois assemblez par une premiere deliberation du 7. Novembre 1696. ils auroient en premier lieu approuvé & confirmé ce qui avoit esté fait par Michel Baudin, Pierre Pinson & consorts, en exécution de la déliberation de lad. Communauté du 20. Juillet de lad. année 1696. pour la reunion des Offices de Jurez & d'Auditeurs Examinateurs des comptes au profit de la Communauté, & se seroient soumis à l'exécution dudit Arrest de nostre Conseil du 27. Octobre audit an 1696. En second lieu ils auroient donné pouvoir audit Baudin, Pinson, & consors de rembourser les Jurez pourveus desdits Offices tant de leur finance que du prix de leurs Contracts, frais & loyaux cousts, & conformement audit Arrest de nostre Conseil & consenty qu'en vertu des payements qui seroient par eux faits ausdits Jurez de la finance, & du prix de leurs charges, frais, & loyaux cousts mesme des 1466. livres qu'ils avoient avancés pour le payement de lad. finance desd. Offices d'Auditeurs des comptes, ils seroient & demeureroient creanciers de lad. Communauté, subrogez en tous les droits de Pourveus desdits Offices de Jurez, & qu'en cette qualité ils auroient hypoteque special & privilege sur lesd. Offices de Jurez & Auditeurs des comptes, gages, droit Royal & autres droits y attribuez, sans qu'il fut besoin de leur en passer aucun Contract de constitution ny autre Acte par ladite Communauté; que ladite déliberation & les quittances qu'ils rapporteroient des payemens qui auroient esté faits par eux ou par autres en l'acquit de lad. Communauté; que pour parvenir au payement & remboursement des sommes qui auroient esté fournies par lesdits Baudin & consors, ou autres qu'ils auroient payé lesd. finances, il seroit fait un rôle tant par eux que par les Jurez & six Anciens qu'ils appelleroient avec eux de tous les Maistres & Compagnons Jardiniers qui contiendroit les sommes pour lesquelles chacun seroit tenu de contribuer au payement de ladite finance, le tout suivant l'advis de nostredit Procureur au Chastelet, auquel ils se seroient soumis; lesquels Maistres & Compagnons seroient contraincts au payements des sommes pour lesquelles ils auroient esté employez audit rôle de repartition & lesquelles seroient employées au remboursement des sommes qui auroient esté portées par lesd Baudin & consors ou autres avec eux, lesquels pour temoigner leur affection à la Communauté consentoient de n'estre payez d'aucuns interests des sommes par eux prestées, à condition que lesdites sommes principalles par eux prestées & les frais qu'ils auroient

faits legitimement, & qui feroient pareillement reglez par l'advis de noftred.
Procureur, leur feroient rembourfez dans trois mois à compter du jour des
payemens qui auroient efté faits par eux, que pour reconnoiftre la grace
faite à la Communauté par lefdits Baudin & confors; mefme pour engager
d'autres Maiftres & Compagnons de prefter à la Communauté, ils auroient
confenty, que lefdits Michel Baudin, Pierre Pinfon, Louis Petit, Nicolas
Himet & Pierre le Maiftre fuffent difpenfez d'eftre éleus & nommez Jurez,
& que neanmoins ils euffent dés led. jour & à l'avenir le rang, qualité & tous
les droits & privileges qui appartiennent aux anciens Jurez, & que Laurent
Danger, Jean Laifné, & Jacques Hebert Compagnons, fuffent recûs Maîtres fans aucuns frais, & qu'à l'inftant de leur reception ils euffent pareillement la qualité, le rang & tous les privileges d'Anciens, tout de mefme que
s'ils avoient exercé la Jurande, que les Jurez qui feroient éleus ne pourroient
fans la participation defd. Baudin & confors faire aucune chofe qui regar-
daft la Communauté, ains feroient tenus les appeller à toutes les affaires &
déliberations de quelque qualité qu'elles puffent eftre jufques à ce qu'ils euffent efté entierement rembourfez des fommes par eux avancées, & que ceux
des Fils de Maiftres & Compagnons qui fe prefenteroient à la Maiftrife dans
un mois feroient receus fans payer aucuns droits aux Jurez ny aux Anciens,
en exécution de laquelle déliberation depofée pour minute chez Thibert
Notaire au Chaftelet, lefdits Baudin, Pinfon & autres, ayant à l'inftant porté diverfes fommes mentionnées dans l'Acte du mefme jour 7. Novembre
1696. paffé en l'Eftude dudit Thibert montant enfemblement à celle de
10460. livres, ils auroient fait offres des deniers à découvert aufd. Bellard,
Totin, Boivinet, & Chevalier, Jurez en titre d'Office de les rembourfer
conformement audit Arreft de noftre Confeil du 27. Octobre dernier, & à
défaut par eux d'eftre comparus pour les recevoir, les auroient laiffez entre
les mains dudit Thibert Notaire par forme de depoft, & depuis les auroient
employez à rembourfer lefdits Bellard, Totin, Boivenet & Chevalier tant
du prix de leurs Contracts, que de la finance de leurs Charges de Jurez, leurs
frais & loyaux coufts la fomme de 1466. livres & interefts d'icelle, & frais
faits en confequence, mefme les auroient rembourfés de ce qui pourroit
leur eftre deub pour leurs anciennes vifites, dont la referve leur auroit été
faite par ledit Arreft de noftre Confeil, de tous lefquels payemens les quittances ayant efté données pardevant led. Thibert & fon Compagnon Notaires au Chaftelet : lad. Communauté aprés avoir procedé à l'élection de Jurez, fe feroit de nouveau affemblée avec plufieurs Compagnons dud. meftier
& par une déliberation du 20. Decembre 1696. Voulant pourvoir au payement de ce qui refte deub de la finance des Offices d'Auditeurs des comptes, & au rembourfement de la fomme de 10460. livres avancée par lefdits
Baudin, Pinfon & autres denommez dans l'Acte du 7. Novemb. dernier tant

pour le payement du premier tiers de lad. finance, que pour le rembourſement des Jurez en titre d'Office, & des frais qu'il conviendra faire à l'avenir pour l'obtention de l'Arreſt du Conſeil & Lettres patentes confirmatives d'iceluy & de leurs Statuts, & les faire enregiſtrer au Parlement , & en
meſme temps rétablir l'ordre & la diſcipline dans leur Communauté qui
avoient eſté entierement abandonnez depuis l'année 1591. ils ſeroient demeurez d'accord, qu'il ſeroit impoſé ſur la Communauté une ſomme de
15500. livres & que l'eſtat & rôle de repartition de ladite ſomme fait par les
Jurez avec ſix Anciens, & leſdits Baudin , Pinſon & conſors ſur tous les
Maiſtres & Compagnons Jardiniers ſeroit exécuté ſelon ſa forme & teneur,
& tous les y dénommez contraints au payement des ſommes y contenues,
comme pour nos propres deniers & affaires; que les ſommes contenues aud.
rôle ſeroient payées en pure perte par leſdits Maiſtres & Compagnons, ſans
pouvoir par eux en pretendre aucune reſtitution ny rembourſement ſur ladite Communauté, à laquelle chacun d'eux auroit conſenty d'en faire don
pour empêcher qu'elle ne fut accablée des debtes; que leſdites ſommes contenues audit rôle de repartition ſeroient receues par leſdits Michel Baudin
& Pierre Pinſon pour les quartiers de la Ville l'evefque & les Porcherons,
par Nicolas Himet & Jacques Hebert pour les quartiers S. Laurent, S. Denis & de la Courtille, par Louis Petit & Laurent Danger pour les quartiers
du Pont-aux-choux, Faubourg S. Antoine & Ville de Fecamp, & par leſd.
Pierre le Maiſtre & Jean Laiſné pour les quartiers S. Victor, S. Marcel & S.
Germain & par eux tous emploiées, Premierement à payer les deux tiers
reſtans deus de lad. finance des Offices d'Auditeurs Examinateurs des comptes, & enſuite à leur rembourſement des ſommes pour leſquelles ils avoient
contribué au preſt de ladite ſomme de dix mil quatre cens ſoixante livres,
& ce par concurrence & contribution entr'eux au ſol la livre , & que leſdits Creanciers ſeroient payés deſdites ſommes principales ſeulement , au
cas qu'ils ſoient entierement rembourſés dans le 7. Fevrier de la preſente
année, & au cas qu'ils ne ſoient pas entierement rembourſés dans led. jour
les intereſts des ſommes qui leur reſteront dans l'heure ſeroient payés à
commencer dudit jour ſept Fevrier juſqu'à leur entier & parfait rembourſement; Que les Statuts de ladite Communauté, Lettres Patentes confirmatives d'iceux , Arreſts & Reglemens rendus en confirmité ſeroient exé-
cutez ſelon leur forme & teneur , &lad.Communauté maintenue & gardée en tous ſes Privileges & exemptions à elle accordés de toute ancienneté; Que les Maiſtres ſeront maintenus en poſſeſſion & jouiſſance de
vendre tous les matins leurs legumes & herbages dans les Halles depuis
la Halle au bled juſqu'à la ruë S. Honoré & ruës adjacentes, avec deffences aux Placiers, Revendeuſes & autres d'embaraſſer pendant le temps
du marché avec des paniers , ou autrement, leſdites places deſtinées de
toute

toute ancienneté pour lefdits Maiftres Jardiniers , qu'il feroit permis à tous
Compagnons Jardiniers de fe faire recevoir Maiftres, pendant fix mois à commencer du premier Janvier dernier, en payant feulement le demy droit , &
pendant lefd. fix mois, ils auroient la liberté de venir vendre leurs legumes &
herbages conjointement avec les maîtres & dans les mêmes places & faute de
ce faire recevoir maiftres dans le 1ᵉ. Juillet 1697. & iceluy paffé, lefd. compagnons venans pour vendre leurs legumes & herbages ne pourroient plus fe
placer avec les Maiftres , mais feroient tenus de prendre leurs places aprés
eux feulement ainfi que les domeftiques des Bourgeois ou des Religieux
mandians qui venoient vendre leurs herbages & legumes à la Halle fans
pouvoir prendre les places des Maiftres; que les Jurez éleus comme fubrogez aux droits des Jurez en titre d'Office feroient la vifite quatre fois
l'année chez tous les Maiftres & Compagnons tenans des Jardins à loyer,
ou les faifant valoir qu'il leur feroit payé par chaque Compagnon vingt fols
par an & par chaque Maiftre dix feulement, aufquelles fommes ils feroient
demeurez d'accord que les droits de vifites accordez aufdits Jurez par l'Edit
du mois de Mars 1691. & par les provifions demeureroient moderez , à
l'egard des Maiftres & Compagnons, defquels droits de vifites il en ap-
partiendroit moitié aux Jurez pour leurs frais, & l'autre moitié feroit pour
les affaires de la Communauté , ce qui feroit obfervé de même pour les
autres vifites que les Jurez feroient dans la Banlieuë, que les reglements
faits pour les vifites par les Jurez des legumes, herbages, fruits & oignons,
fleurs, verjus, arbriffeaux, & pour rapporter les certificats des Curez, Ju-
ges ou Tabellions des lieux, & pour la prohibition à tous les Regratiers
de vendre des arbres & arbriffeaux fur la vallée feroient executés felon
leur forme & teneur, & lefdites vifites faites en la maniere accoutumée,
que les Jurez feroient obligez de tenir la main à ce que les Arrefts & Reglemens de Police qui contiennent la prohibition de fumer de boues de
Paris fraifches & des matieres fecalles, les Jardins & terres fur lefquels
on fait venir des legumes foient obfervez , & à cette fin feroient tenus
deux fois l'année de faire leurs vifites de toutes les terres & marais & Jardinages dans les Fauxbourgs & Banlieuë de Paris de faire leurs rapports
pardevant le fieur Procureur du Roy du Chaftelet de Paris en la maniere
accoûtumée de tous les fumiers qu'ils trouveroient contraires aux Ré-
glemens de Police; qu'à l'advenir aucun Jardinier ne pourroit tenir Jardin ny marais à loyer qu'il ne fut Maiftre , & que pour eftre receu Maî-
tre l'afpirant feroit obligé de faire chef d'œuvre, & de payer pour fa reception au profit de la Communauté vingt livres, y compris le droit Royal,
pour la Confrerie cent fols , pour chaque Juré trois livres, pour huit Anciens appellez alternativement & chacun à leur tour aux receptions des
Maiftres , il feroit payé à chacun 30. fols. & vingt fols au clerc de la Communauté ; Que les fils des Maiftres , foit qu'ils fuffent nez avant ou de-

K

puis la Maiſtriſe de leurs Peres, ſeroient receus ſans faire aucune experience, & qu'il ſeroit par eux payé ſeulement demy droit aux Jurez & aux Anciens; Que leſdits Baudin, Pinſon & Conſors ſeroient tenus de donner quittances de toutes les ſommes qu'ils recevroient des Maiſtres & Compagnons, & outre en feroient mention ſur un Regiſtre, qu'ils ſeroient obligez de tenir pour chaque quartier, & rendroient compte de tout ce qu'ils auroient receu pardevant ledit ſieur Procureur du Roy du Chaſtelet en preſence des Jurez, douze Anciens, quatre modernes & quatre Jeunes; & ſi par ledit compte ils ſe trouvoient entierement rembourſés, les deniers qui ſe trouveront de reſte entre leurs mains ſeroient mis entre les mains des Jurez leſquels ſeroient pareillement tenus de rendre compte auſdits Baudin, Pinſon & conſors en preſence deſdits douze Anciens, quatre modernes & quatre jeunes, pardevant ledit ſieur Procureur du Roy, de ce qu'ils auroient receu pour droits de viſites & le délivrer auſdits Baudin, Pinſon & conſors en cas qu'ils n'euſſent pas eſté entierement payés de ladite ſomme de 10460. liv. & intereſts ſi aucuns ſont deus, même de leurs frais, ce qui ſera pareillement obſervé tous les ſix mois, juſqu'au parfait payement deſd. Baudin, Pinſon & Conſors, ſans l'avis deſquels pendant ledit temps, les Jurez ne pouroient rien faire pour les affaires de la Communauté, & qu'au ſurplus ledit Arreſt du Conſeil du 27. Octobre 1696. & les deliberations dudit jour 7. Novembre 1696. ſeroient auſſi executés ſelon leur forme & teneur, enſemble les Ordonnances Generalles de Police, concernant les Compagnons qui quittent leurs Maiſtres, pour en aller ſervir d'autres, ſuivant leſquelles, deffenſes ſeroient faites à tous Maiſtres Jardiniers, de débaucher les Compagnons des autres Maiſtres, ny de leur donner à travailler de leur métier, qu'auparavant ils ne fuſſent allez chez le Maiſtre du Service duquel ſort le Compagnon pour ſçavoir s'il eſt content de ſon ſervice; Surquoy aprés Nous eſtre fait repreſenter led. Arreſt de noſtre Conſeil du 27 Octobre 1696. la déliberation du 7. Novembre enſuivant, les quittances des payemens & rembourcemens faites en conſequence aux Jurez en titre d'Office, enſemble ladite déliberation du 20. Decembre dernier; Nous aurions pourveu aux Supplians ſur leurs demandes, ainſi que nous l'avons jugé convenable par Arreſt de noſtre Conſeil du 30. Octobre dernier, & voulant qu'il ſorte ſon plein & entier effet, & que dans ſon exécution il ne ſe rencontre doreſnavant aucune difficulté. A CES CAUSES, de l'advis de noſtre Conſeil & de noſtre certaine ſcience, pleine puiſſance & autorité Royale conformement à l'Arreſt de noſtredit Conſeil dud jour 30. Avril dernier cy attaché ſous le contreſcel de nôtre Chancellerie, Nous avons dit & ordonné, diſons & ordonnons par ces Preſentes ſignées de nôtre main, Voulons & nous plaiſt, que l'Arreſt rendu en nôtred. Conſeil dud. jour, le 27. Octobre dernier, ſoit executé ſelon ſa forme & teneur & conformement audit Arreſt en conſequence

du rembourcement fait aufd. Bellard & Totin, des fommes contenues és
quittances de Finance des Offices de Jurez, dont ils étoient pourvûs &
aufdits Boivinet & Chevalier du prix porté par leurs Contracts d'acquifition, de leurs frais & Loyaux Coufts , & du tiers par eux avancé
de la Finance des Offices d'Auditeurs Examinateurs des comptes , in te-
refts, & frais, enfemble de ce qui leur eft deu de refte pour leurs anciens
Droits de Vifites, que lefd. Offices de Jurez feront & demeureront des
à prefent , & à toûjours reunis & incorporez purement & fimplement à
la Communauté des Maiftres Jardiniers , & les Jurez nouvellement élûs
& ceux qui le feront à l'avenir , exerceront lefdites Charges , en vertu
des Commiffions de noftre Procureur au Chaftelet, ainfi qu'il fe pratiquoit
auparavant l'Edit du mois de Mars 1691. & qu'en payant ce qui refte dû de la
fomme de 4000. livres à laquelle a efté moderée la Finance des Offices d'Auditeurs Examinateurs des comptes , & des deux fols pour livre de ladite
Finance, lefd. Offices feront & demeureront pareillement reunis & incorporez pour toûjours à ladite Communauté des Maiftres Jardiniers , fans
eftre obligez de prendre des Lettres de Provifion dont nous les avons auffi
relevez & difpenfez, ce faifant lad. Communauté joüira de quarante livres
de gages attribuez aufd. Offices conformement à l'Arreft de noftre Confeil
du 4. Septembre 1696. & du droit Royal , à commencer du jour de l'Edit du
mois de Mars 1694. tel qu'il a efté étably par celuy du mois de Mars 1661.
Ordonnons en outre, que lefd. Baudin, Pinfon, & Confors qui ont fourny
pour rembourfer les Offices de Jurez ce qui avoit efte avancé fur la Finance
des Offices d'Auditeurs des Comptes, feront & demeureront Creanciers de
la Communauté , en vertu des quittances qui font mention que les payemens ont été faits de leurs deniers , & qu en confequence ils auront hypoteques & privilege fpecial fur lefd. Offices , gages , Droit Royal,
Droit de Vifite, & autres Droits y attribuez , & pour leur en faciliter
le rembourcement Nous ordonnons auffi que l'Etat & Rolle de repartition
de la fomme de quinze mil cinq cens livres , fait tant par eux que par
les Jurez de l'advis de fix anciens fera executé felon fa forme & teneur,
& les Maiftres & Compagnons y dénommés contraints au payement des
fommes , pour lefquelles ils y feront compris comme pour nos propres
deniers & affaires , fans qu'ils puiffent pretendre aucune reftitution ny
rembourfement defdites fommes fur la Communauté fuivant la deliberation d'icelle du vingtiefme Decembre dernier , feront les fommes
portées par ledit Rolle de repartition recûs par les dénommez en lad.
deliberation chacun dans les quartiers y mentionnez & par eux employez , premierement à payer ce qui refte dû de la Finance des Offices
d'Auditeurs Examinateurs des comptes , & des deux fols pour livre de
lad. Finance , & enfuite au rembourcement de la fomme de dix mil
quatre cens foixante livres , fournie & avancée par lefd. Baudin , Pin-

fon, & autres defquelles fommes les interefts leur feront payés à commencer feulement du 7. Fevrier dernier, jufques à leur entier & parfait remboursement, feront tenus lefd. Baudin, Pinfon & autres dénommez en ladite déliberation pour la recette des fommes contenues aufdits Rolles, de donner aux Maiftres & Compagnons des Quittances des fommes qu'ils recevront, & en outre d'en faire mention fur un Regiftre qu'ils tiendront pour chaque quartier, & rendront compte chacun à fon égard auffi-toft aprés leur recette finie de tout ce qu'ils auront reçû en prefence des Jurez, douze Anciens, quatre Modernes, & quatre Jeunes, & des autres Creanciers de ladite Communauté, pardevant noftredit Procureur au Chaftelet de Paris, & s'il fe trouve que lefdits Creanciers ayent reçû quelque chofe, au delà du rembourfement de leur dû, ils feront tenus de remettre le furplus entre les mains des Jurez en Charge pour eftre employez aux affaires de la Communauté dans lefquelles ils ne pourront rien faire à l'avenir fans la participation defd. Baudin, Pinfon, & Confors & prendre leur avis tant qu'ils demeureront Creanciers de la Communauté, & ce en reconnoiffance du Preft fait à la Communauté par lefdits Baudin, & Pinfon & autres. Ordonnons en outre conformement à la déliberation du vingtiéme Decembre dernier, qu'ils ne pourront eftre obligez, fi bon ne leur femble, d'exercer la Jurande, & neanmoins qu'ils auront rang, qualité, & tous les autres Privileges des Anciens; Voulons que les Statuts de lad. Communauté, Lettres Patentes confirmatives des Arrefts & Reglemens rendus en confequence, foient executez felon leur forme & teneur, & lad. Communauté maintenuë & gardée en tous les Privileges & exemptions à elle accordez de toute ancienneté; Ce faifant permettons aux Maiftres de faire apporter ou envoyer tous les matins vendre leurs legumes & herbages dans les Halles aux Poirées, depuis la Halle au Bled, jufques à la rue S. Honoré & ruës Adjacentes, fans préjudice aux Bourgeois qui ont des Iardins dans les Faux-bourgs & Banlieuë de Paris, & autres qui ont droit de vendre & debiter leurs légumes de les apporter & faire apporter au Marché les Mercredys & Samedis de chaque femaine; Voulons en outre conformément aux Statuts que les Afpirans pour eftre reçûs Maiftres, foient tenus de faire chef d'œuvre, & payer au profit de la Communauté, vingt livres y compris le droit Royal pour la Confrairie cent fols, pour chaque Juré trois livres, pour chacun des huit Anciens qui feront appellez alternativement chacun à leur tour aux receptions trente fols, & vingt fols pour le Clerc de la Communauté, & que les fils de Maiftres foit qu'ils foient nez avant ou depuis la Maiftrife de leurs Peres foient receus Maiftres fans faire aucune experience en payant feulement par eux demy droit aux Jurez & aux Anciens, & pareillement que pendant fix mois à compter du jour du prefent Arreft, tous Compagnons puiffent fe

faire

faire recevoir Maiſtres en payant le demy droit ſeulement. Les Jurez éleus comme ſubrogez aux droits de Jurez en titre d'Offices qui ont eſté rembourſez, feront leurs viſites ſuivant l'ancien uſage chez tous les Maiſtres & Compagnons tenant des Jardins, faiſant valoir des Marais ou les tenant à loyer : Pourquoy nous voulons qu'il leur ſera payé par an pour tous droits de viſite par chaque Maiſtre 10. ſols, & par chaque Compagnon 20. ſ. auſquelles ſommes de leur conſentement nous avons reduit & moderé les droits de viſite attribuez aux Jurez en titre par nôtre Edit du mois de Mars 1691. & par les proviſions à eux expediées; en conſequence duquel droit de viſite il en appartiendra moitié aux Jurez pour leurs frais, & l'autre moitié employée aux affaires de la Communauté ; à l'égard des viſites qu'ils feront dans la Banlieue, il en ſera uſé en la maniere accoûtumée Voulons que leſdits Jurez ſoient obligez de tenir la main, à ce que les Arreſts & Reglemens de Police qui contiennent la prohibition de fumer de boües de Paris fraiſches, & de matieres fecalles, les Jardins & terres ſur leſquelles on fait venir des legumes ſoient obſervez, & à cette fin feront tenus deux fois l'année de faire les viſites de toutes les terres en marais, & jardinages qui ſeront tenuës par des Maiſtres & Compagnons Jardiniers dans les Fauxbourgs & Banlieuë de Paris, & de faire leur rapport en la maniere accoûtumée de toutes les contraventions qu'ils trouveront aux Reglemens de Police ſur le fait du Jardinage. Faiſons tres-expreſſes deffences à tous Maiſtres de débaucher les Compagnons des autres Maiſtres, ny de leur donner à travailler de leur Métier, qu'auparavant ils ne ſoient allez chez le Maiſtre que le Compagnon a ſervi, pour ſçavoir s'il eſt content du ſervice dudit Compagnon, le tout ſuivant & ainſi qu'il eſt porté audit Arreſt. SI DONNONS EN MANDEMENT à nos amez & feaux Conſeillers, les Gens tenans noſtre Cour de Parlement à Paris, que ces preſentes ils faſſent regiſtrer, & de leur contenu joüir & uſer leſdits expoſans & leurs ſucceſſeurs en ladite Communauté pleinement, paiſiblement & perpetuellement, ceſſant & faiſant ceſſer tous troubles & empeſchemens contraires : CAR tel eſt noſtre plaiſir ; & afin que ce ſoit choſe ferme & ſtable à toûjours, Nous avons fait mettre noſtre Scel à ces preſentes. DONNE' à Marly au mois de Juin, l'an de Grace mil ſix cens quatre-vingt-dix-ſept ; & de noſtre Regne le cinquante-cinquiéme. Signé, LOUIS. *Et plus bas*, Par le Roy, PHELYPPEAUX. Et eſt encore écrit tout proche, *Viſa* BOUCHERAT. Et à la marge eſt écrit : Regiſtré. Ouy le Procureur General du Roy, pour y jouir par les Impetrans de leur effet & contenu à eſtre executées ſelon leur forme & teneur, ſuivant l'Arreſt de ce jour. A Paris, en Parlement le 14. Juin 1697. Signé DU TILLET.

VEU par la Cour les Lettres Patentes du Roy, données à Marly au prefent mois de Juin 1697. Signé LOUIS: Et plus bas, par le Roy, PHELYPPEAUX, & fcellées du grand Sceau de cire verte, en lacs de foye, obtenuës par les Jurez, Corps & Communautez des Maiftres Jardiniers de Paris; par lefquelles pour les caufes y contenuës, le Seigneur Roy, au moyen du rembourfement fait aux nommez Belard & Totin, des fommes contenuës és quittances de Finances des Offices de Jurez de ladite Communauté dont ils eftoient pourveus, & aux nommez Boivinet & Chevalier, du prix porté par leurs Contracts d'acquifition, frais & loyaux-coufts, & du tiers par eux avancé de la finance des Offices d'Auditeurs Examinateurs des Comptes, interefts & frais, enfemble de ce qui leur eft deu de refte pour leurs anciens droits de Vifites, auroit réüni & incorporé lefdits Offices de Jurez à ladite Communauté des Maiftres Jardiniers, & ordonné que lefdits Jurez nouvellement éleus, & ceux qui le feront à l'avenir, exerceront lefdites Charges en vertu des Commiffions du Subftitut du Procureur General du Roy au Chaftelet, ainfi qu'il fe pratiquoit avant l'Edit du mois de Mars 1691. & qu'en payant ce qui refte deu de la fomme de 4000. livres, à laquelle a efté moderée la finance des Offices d'Auditeurs, Examinateurs des Comptes, & des deux fols pour livre de ladite finance, lefdits Offices feront pareillement réünis & incorporés à ladite Communauté; ce faifant, qu'elle joüira des 40. livres de gages attribuez aufdits Offices & du droit Royal, à commencer du jour de l'Edit du mois de Mars 1694. tel qu'il a efté établi par l'Edit du mois de Mars 1691. Auroit auffi ordonné le Seigneur Roy que l'Etat & Rôle de repartition de la fomme de 15500. livres fait par lefdits Jurez de l'avis de fix anciens, fera executé, pour eftre lefdits deniers employez à payer les dettes de ladite Communauté mentionnées aufdites Lettres. Veut en outre le Seigneur Roy que les Statuts de lad. Communauté, Lettres Patentes confirmatives des Arrefts & Reglemens rendus en confequence, foient executés felon leur forme & teneur & ladite Communauté maintenue & gardée en tous les privileges & exemptions à elle accordez de toute ancienneté, & ainfi que plus au long le contiennent lefdites Lettres à la Cour adreffantes Requefte à fin d'enregiftrement d'icelles, Conclufions du Procureur General du Roy. Oüy le Rapport de Maiftre François Hennequin Confeiller: Tout confideré, LA COUR a ordonné & ordonne que lefdites Lettres feront enregiftrées au Greffe d'icelle, pour jouir par les Impetrans de leur effet & contenu, & eftre executées felon leur forme & teneur. FAIT en Parlement le 13. Juin 1697. Collationné. Signé DU TILLET.